每月与语文教师书

MEIYUE YU YUWEN JIAOSHI SHU

谈永康 著

语文出版社

·北京·

图书在版编目（CIP）数据

每月与语文教师书 / 谈永康著. -- 北京 ： 语文出版社， 2017.4 (2019.5重印)
ISBN 978-7-5187-0518-4

Ⅰ．①每… Ⅱ．①谈… Ⅲ．①小学语文课－教学研究
Ⅳ．①G623.202

中国版本图书馆CIP数据核字(2017)第022452号

责任编辑	李世江 李 朋
装帧设计	王菊红 梁 明
出 版	语文出版社
地 址	北京市东城区朝阳门内南小街51号　100010
电子信箱	ywcbsywp@163.com
排 版	北京科教创新书刊社有限公司
印刷装订	三河市嵩川印刷有限公司
发 行	语文出版社　新华书店经销
规 格	787mm×1092mm
开 本	1 / 16
印 张	16.5
字 数	228千字
版 次	2017年4月第1版
印 次	2019年5月第2次印刷
印 数	3,001 - 6,000
定 价	35.00元

📞 010-65253954(咨询) 010-65251033(购书) 010-65250075(印装质量)

国家宣传文化发展专项资金项目

序

于漪

　　初春，谈永康老师来电述说即将出版新作《每月与语文教师书》，要我写序。为语文教学第一线教师作品写序，我还有些微经验，为教研员作品写，却是头一遭，有点为难。谈老师是位好学又想干实事的人，更何况嘱写的盛情难却，只好勉为其难了。

　　一说到教研员，我就会情不自禁地想到我的恩师上海市教育局语文教研员杨质彬同志。那已是半个多世纪前的事。二十世纪六十年代初，为了改变学生被动学习、课堂教学质量不理想的状况，各学科进行教学改革。在区教师红专学院召开的高中语文教改座谈会上，我这名非科班出身的年青教师，不知高低深浅，谈了许多意见。会结束后，一位年近50，操着四川口音普通话的女老师走到我面前对我说："于漪同志，以后我来听你的课事前不通知，什么时候来就什么时候听，你和平常上课一样，不要专门准备。"也许是缘分，也许是凑巧，我不认识杨质彬老师，区教研员告知，我才知晓。那时专业会很少，这个会本应教研组长参加，老组长身体欠佳不愿参加，嘱我这名副组长代替。会后，果不其然，她来听课了，一周来两三次，总是走进教室上课时才看到她坐在最后排的凳子上。一听就是一学期。有时听了课就走，有时把我教的两个班级的作文簿搬到校长室翻阅，有时与我交谈。交谈许多次，她从不对我的课评头品足，而是提出各种各样的问题让我思考，寻求解答。如："文中这个问题你为什么这样阐述呢？

想达到怎样的目的？学生能理解吗？换个角度行不行？哪个更好些？""学生提的这个问题能醒人耳目，你想过吗？他为什么能提出这样的问题？基础是什么？后续该怎样？怎样引导才能激发学生旺盛的求知欲，激发他们对语文学习的热爱与追求？"又如："作文眉批、总批除了就字词论字词，就文论文外，你还考虑过其他功能吗？怎样的批改才能入学生目，入学生心，心里热乎乎的？"全是问题，全是思考，为什么，为什么，润物无声地引导你往语文专业里钻，启发你怎么教学生，怎么善待、呵护学生。语文教师不是先知先觉，但绝不能不"知"不"觉"，做操作工，他必须"知"必须"觉"，必须深刻认识所从事专业的价值与意义，必须清醒地领悟到肩挑教育学生的责任与担当，扎扎实实钻研教书育人的规律。

集中听课半年，持续启发诱导，我的教育思想与教学技能有了明显进展，至今我的脑子里仍装满有关教文育人的诸多问题。可以告慰她的是我没有做思想懒汉。因为一名不重视思考、不善于思考的教师，不可能成为合格的教师，更别说优秀教师了。尤其使我难忘的是她的温文尔雅、真诚待人、平等商量的风范，如春风化雨，温暖我这名极其普通极不成熟的青年教师的心。即使1965年让我上全市数百人听的公开课时，事先，她仍然慢条斯理提两个问题促我思考，从不指手画脚把她的意志强加于我，我深深感到人格受到尊重，更要发奋努力。"文革"中，她去了高校，后参加汉语大词典的编撰。1978年我被评上特级教师，本想感谢她的培育之恩，谁知她思想上早已"隐退"，半句不提过往之事，更别说居功了。此时此刻，我对"人梯"的高尚无私顿然有所领悟，我们的语文教育事业太需要德才兼备的"人梯"，也太需要人梯精神了。

教研员是我国基础教育教师队伍中特有的教学研究人员，其他国家，包括发达国家在内，也罕见这样的设置。这支队伍该发挥怎样的作用呢？这里不作理论上探讨，只是觉得国家对教师队伍建设寄予无限期望，颇值得反复深思。习近平主席曾说："一个人遇到好老师是人生的幸运，一个学校拥有好老师是学校的光荣，一个民族源源不断涌现出一批又一批好老师则是民族的希望。"一线教师如此，教研员又何尝不是如此呢？我这名天赋不高基础一般的青年教师，机缘巧合，遇到了杨质彬这样的好教研员，真是人生的幸运。她点燃了我为语文教育理想奋然前行的明灯，她的音容笑貌、语言动作不仅镌刻我心，更成为我攻坚克难的内在动力。一想到她，就精神焕发，信心百倍。那时，教研员人数极少，区里一个学科仅一名，市里也如此。今日随着教育事业的大发展，教研员队伍已多少倍增加，只要积聚力量，当在促进教师专业发展中发挥更大的作用。

读谈永康老师《每月与语文教师书》书稿，深感他意识到自己肩挑的重任。采用每月给教学第一线教师写一封信的方式，交流思想，沟通看法，认识当下，憧憬未来，为教研活动的开展增添了新的活力。其中不少议题值得深入探讨，在思想层面、技能技巧层面，能获得更多的提升。比如，实践共同体的构建，除了佐藤学讲的外，我们有没有自己的想法，自己的认识，自己的举措？怎样才是符合国情、教情、学情的？短期目标是什么？长期追求是什么？"共同体"是一二三四标准化，还是"万紫千红总是春"？教研员在实践共同体之中，还是之外、之上？实践出真知，上课时与学生心灵交流，思想碰撞，天天有新情况、新思考，惊喜、丰富、有趣，思维王国色彩斑斓。退休，丢失教学现场美丽的风景，生命几乎萎缩了一半，我这点真切体会或许也可做点参考。又比如，对语文教学中种种问题的分析与解答，可否让参与者多谈一点自己的想法、看法、做法？深入探讨这个问题是怎么形成的，主客观因素有哪些，什么是症结所在，就问题论问题效果如何，怎样才能标本兼治，怎样才能排除消极因素的干扰，等等。教学研究的过程中引导教师重视思考、学会思考、善于思考，形成爱动脑筋的习惯，可能比讲述几个方法更有价值与意义。当然，还要视参与者具体情况而定。教师专业发展确实有共同的规律，但各有特点，各有所长，一个人有独特的一个样，百花争艳，也是我们追求的目标。

书中的一封封信，从小学语文教学实情出发，有观点，有材料，有方法，有期待，能启人思考，催人奋进，希望受到同行们的欢迎。

（作者系上海市杨浦高级中学名誉校长，首批特级教师，首批全国教书育人楷模，全国劳动模范，享受国务院政府特殊津贴）

目 录

1

作文教学改革

教学研究策略

语文教师功底

语文教学思想

像于漪老师那样教语文

吾生有幸以于漪先生为师。

2015年3月15日，对我来说，是一个圆梦的日子。1988年，我进入师范就读，每个月都有一期《师范教育》。那时，正值青春年少，正好"激扬文字，指点江山"，满脑子的梦想。就在这时，我读到了"于漪"，是于老师让我第一次知道了"一身正气，为人师表"；也是于老师，让我第一次对"师者"的形象有了清晰的认识——在阳光下，于老师捧着书，笑眯眯地看你——我想说，这就是老师。

近30年来，我读过于漪老师的皇皇大著，记住了不少金玉良言；近30年来，我也有幸聆听于老师的精彩讲座，汲取了很多前行智慧。去年4月，区教育局举办活动，我也有幸就作文教学向于老师汇报。于老师在大家汇报结束后，作了精彩、翔实、深入的点评，对我们在改革作文教学的同时引导孩子读书，做到每月读一本好书，还开展交流、表达等活动深表赞赏。活动后，于老师愉快地跟我合影。

现在，我又无比幸福地成了于漪老师德育实训基地的一名学员。作为学生，我算是愚钝与后进的，一同坐在教室里的30位同学，已过不惑之年的不过数位吧，我便是其中之一。但，我最多只能算一个年青的中年教师，因为于老师的年龄正好是我的两倍。那天上午，于老师给我们作了一个多小时的讲话，希望我们思考为什么要来学习，怎样学习。她希望我们都有平常心和进取心。下午，她又介绍了基地循序渐进的学习计划与严格细致的学习要求，比如每年要扎扎实实读一两本文史著作，并且就推荐的书目逐本介绍……

我想，没有一个学生会让于老师失望。我既然起步已晚，那就驽马十驾，笨鸟先飞，从今天开始，努力成为一名有进步的学生。

当然，更重要的，春天就在窗外，就在眼前。杨柳青了，白的、紫的玉兰开了。我必须成为这里的一棵草、一棵树，我不一定要开花，但一定要带来一片绿色，或者，一缕芳香。

于老师被评为首批特级教师，又是首批全国教书育人楷模。在品读她的思想文字时，我总感到心底有火焰在喷涌。这是数十年来学习其他语文学者、名师从未有过的感觉。慢慢地，我明白了，于老师无论教书育人，还是谈语论文，总是站在文化的平台上，她的思考总是深深地烙刻着时代的年轮。

"语文的尊严"，这是于老师其中一本著作的书名。人有尊严，国有尊严，可是语文，有没有尊严的问题？有，不但有，还很严重。

课程地位下滑，语文失落了尊严。也许小学尚可，到了中学，语文就跑到数理化后面去了；大学情况可能更糟，一些院校不是连"大学语文"也不要了吗？对此，于老师满怀忧患："在我22岁大学毕业做教师时，语文是学校的第一学科，现在大概是第四、第五学科。"一国母语，到此地步，怎不令人担忧！于老师用笔疾呼："我渴望从事教育的部门真正重视母语教育对人的发展的价值和意义。多一点尊重与敬畏，少一点急功与近利，更不能让它沦为应试工具，方能遏制青少年学生语文能力退化的趋势。"

在外来语的侵扰中，语文失落了尊严。

学生花在英语学习上的时间远多于语文，犹记10年前双语教育盛行，不少学校数学、体育都要用英语，连语文课上也流行"good"来表扬，实在是没滋味，伤人心。于老师为此痛心疾首，她说："我们过去读历史往往只看到西方经济上的殖民、军事上的殖民，实际上其文化上的殖民也是非常厉害的。现在的母语教育为什么那么困难？因为我们的孩子基本上是在西方'三片'文化（好莱坞大片、薯片、芯片）这样一个氛围中成长起来的。""思想上的殖民对学生学习母语形成了巨大的冲击力，语文教学面临着前所未有的严峻挑战。"可是，又有多少人能意识到问题的存在，又认识到问题的严重呢？我是教小学语文的，英语水平低，但是有一段时间，我也以讲外国教育理论为荣，以在教育随笔中里加"认知结构""思维图式"为荣啊。

中国走向改革开放，英语当然要学好。问题是怎么学，于老师说得很辩证："国家民族走向世界，国民教育中当然要开设外语课程让学生学习。但是，不能以'外'挤'内'，以'外'压'内'。""对于外来的经验和理论，我们也不能因其'洋'便觉得什么都好。'洋种子'要'移植'于我国还得重视我们的土壤、光照及水分、养料的特殊性。"台湾作家白先勇先生说的"百年中文，内忧外患"，于老师也在多个场合引用，因为她对母语的价值有着清晰的认识，因为母校校训"一切为民族"影响了她一生，更因为于老师对当下语文教学的症结看得一清二楚，她才会直面这个时代的复杂与伤痛，直面这个时代的挑战和困难，振臂疾呼"语文的尊严"。语文的尊严，其实是人的尊严，是国之尊严。毕竟，语文对外是屏障，对内是黏合剂。

在"互联网＋"时代，像于老师那样做语文老师，就要有这样的眼光，有这样的担当，就是要站在时代的前沿，能够穿透功利的喧嚣，穿越尘俗的雾霾。擦亮心灵的天空，语文教学才会风和日丽，才会天朗气清。

语文尊严的沦落，还在于自己的"失魂落魄"。

数十年来，语文教学在发生可怕的"蜕变"：阅读教学程式化、作文教学模式化、能力训练机械化……缺失了活力，缺失了灵气，更缺少文化的厚实与生命的灵动。问题的根源在育分代替了育人，诚如于老师所说："高考和中考抽掉了语文的灵魂，把她变成纯粹的理性工具。"更可悲的是，语文教学似乎离语文学习规律越来越远：课堂读背越来越少，课外阅读越来越没空间，练笔实践更成了空中楼阁。每一天，学生在怎样学语文？做一道又一道的题目，完成一张又一张的卷子，于老师真是不能不生气了："现在的一课一练，已经把我们的语文碎尸万段了，没有文，只有段，只有句。"

还语文以尊严，关键在我们语文老师。

语文老师要有精气神。用于老师的话来说："语文学科教学确实十分困难，但是再困难也不需要抛头颅洒热血，要的不过是人的精神、智慧、意志。"

还语文以尊严，首需情怀和理想，即于老师反复强调的使命意识和民族情感。

语文课程是以母语为主体内容的课程，必扎根于民族语言的深厚文化土壤。于老师在《我的语文梦》一文中如是期待："让我们的孩子一捧起中国文字写的书，就马上升腾起理想信念，以及对语言文字的挚爱深情；一捧起经典作品，就会想到这些经典作品蕴含着民族精神，民族情结，民族睿智，乃至民族思维方式。"这是多么美好的一种境界。要让学生热爱，老师首先要做这样的人，了解母语，对母语一往情深，深入母语的大洋，采撷美丽的贝壳。

爱教语文，于老师提出我们老师应有教学自信。杂文家吴非先生说老师不能"跪着"教书。现在的话语环境里，语文老师是有些"弱势"了，很多非专业人士来批评，来要求。怎么办？语文教学不是现在才有啊，几千年来的传统教育基本就是语文教育，已经积累了足够的经验。语文教学有自己的规律，语文老师就要按照规律去办事。比如学语文要多读多写，如果我们的教学还是走"只做题，不读书"的路，那么正应了于老师的一句话"求学不读书，是蹉跎岁月"。一位印度诗人这样说："阅读是恒河的水，我沐浴其中，得到神秘的体验。从水中走出，我已不是原来的我，我得到了新的生命。"读书是人类特有的神圣权利。鄙视书，不读书，是语文教学深重的罪过。

还语文以尊严，还须走在"育人"的大道上。

20世纪80年代世界人文科学的一次最大革新就是语言科学的突破：语言不再是单纯的载体，反之，语言是知识、思维、心灵、情感、人格的形成者。20世纪，中小学语文教学受困于应试教育时，于老师提出重视人文教育，语文教育要"培养有中国心的现代文明人"。显然，于老师的思考是前瞻性的，表述是革命性的。很多老师读之如醍醐灌顶，用"一语惊醒梦中人"来形容一点不错。的确，教育的本质就是人的生成，把受教育者"带入人类优秀文化精神之中"，提升他们的精神世界，而不能只停留在"学习一技之长、增强能力、增长见闻"等方面。

语文育人，难在不说教，重在发掘文本力量，贵在"小树浇水，点点滴滴"，意在唤醒、激活学生。中国文化强调人的主体性与独立性，每个人都有"明德"，教师当引导学生求道、明道、实践道，既学好语文，又学好做人。对于中小学生，尤其是儿童来说，他们的心灵纯真而美好，我们做教师的，"爱心盈盈，富有责任"，时时处处示范，用文本中的人与事，用真善美打动孩子，影响孩子。这样的教学，这样的育人，本身就是对学生的爱。这份爱需要专业支撑，需要人格支撑，需要信念支撑，就像梵高说的："没有比对人类的爱更富于艺术性的事业。"

还语文以尊严，最重要的是上好每一堂课。

于老师说："每一堂语文课，都是老师的生命在歌唱。"于老师也是这样做的。"我教课全身心投入，自己也很激动，有的课时隔二三十年，学生来看我还会把当时上课的情景讲给我听。比如我教《文天祥传》，最后一句'朝南再拜，遂死'，只6个字。文天祥是状元出身做宰相的，兵败之后被关押，富贵不淫，威武不屈，最后慷慨献身。他死了之后他的夫人收尸，发现他身上有一张纸条上写着'孔曰成仁，孟曰取义，唯其义尽，所以仁至；读圣贤书，所学何事？而今而后，庶几无愧'。"可以说，于老师真正做到了"用我们的实力，用精彩的课堂教学吸引孩子们对语文的热爱，用我们精彩的课堂教学来弘扬中华的文化，用自己的智慧和青春来诠释我们的语言文字是有表现力和生命力的"。

上好每一堂课，要学会驾驭教材，要像于老师那样上得一清如水。我们来品品于老师的两段话。"老师要懂得割爱，伤其十指不如断其一指，因此一定要重点突出。我从70年代就培养青年教师，听了很多青年教师的课，下课后我经常要问他们，这堂课到底要达到什么目的。如果课上得像八宝粥一样，桂圆、赤豆，什么都好，那么有限的45分钟学生能学到什么？""能站立起来充满自信地进行教学，有许多因素，如专业理想、专业伦理、专业学养、专业技能等，但当前最重要的是'责任'二字，责任心，责任感。要经常叩问自己：每节课教给了学生什么？他们受益了没有？在他们生命成长的过程中我尽责了多少？"

于老师曾经上了数千堂公开课。一堂堂精彩语文课的背后是对学生的细致研究，是日积月累的语言修养。于老师说，一个语文教师要出口成章，要下笔成文。老师能读善写了，指导学生读写就得法、高效。所谓"水深鱼极乐，林茂鸟知风"，让你的生命饱满，让你的灵魂优秀。当你成为一个大写的语文人时，学生得到的会是怎样的语言熏陶和人文影响？

我知道，现在我们语文老师几乎每天都忙于讲、问、批，但疏于读、思、写。我清楚，几乎每一位语文老师都知道我们有什么问题，方向大致在哪里，但很多时候，我们好像满足于"躲进小楼成一统"，甚至还待在鲁迅先生说的"铁皮屋"里。这不是我们应有的教育姿态，我们最最需要的是行动起来，用自己的努力证明：语文是有尊严的！

2015 年暑假

拓展阅读

　　于漪：《每一节课都会影响学生的生命质量》
　　于漪：《培养有中国心的现代文明人》

学生第一

这是贾志敏老师经常说起的一个故事——

20世纪80年代初，某省一个教育代表团到上海考察。他们找到上海师专的语文教学专家张平南老师，希望观摩一节优秀教师的语文课。

张平南思忖："一师附小的特级教师臧慧芬教学经验丰富，她班上的学生自学能力特别强。"于是，带着他们来到一师附小。那天，臧老师上的是课外阅读指导。臧老师的开场白仅寥寥数语。之后，便由学生介绍各自的读书习得。孩子们互动交流，踊跃发言。其间，有提问，有抢答，有补充，还有争论，气氛颇为活跃。课堂俨然成了孩子交流、学习的天地。臧老师则适时点拨、引导，连总结也言简意赅。话语虽然不多，却句句都说在点子上。

课毕，听课者大惑不解："这算高水平的课？"因为他们认为臧老师话语不算多，形象不光鲜，语言不出彩，连普通话也不地道……张平南老师问："这班学生怎么样？"这一问，大家情绪高涨："好，好！学生个个能说会道！我们的孩子无法相比！""这就对了，臧老师留出时间给学生，让他们成为课堂的主人。久而久之，学生的能力就得以提高。今天课上学生的表现充分证明了这一点。"张老师说，"我们看课，是要观看学生在教师的指导下学习和提高的过程。臧老师的经验也许就是'突出学生，淡化自己'"。

是的，突出学生，学生第一。

我离开一线不足两年，深知说"学生第一"容易，要做到很难。当教育均衡造福更多的学生时，班级学生数与优质教育紧密相关。教育家鲍伊尔早就提醒过："当班上学生人数超过 30 个人时，教师就从对个体的关注转为对班级的控制。"

较之国外，教研组与教研活动是我们基础教育的一大特色。教研活动的主角是教师，尽管课标的解读、教学的研讨等常常强调以学为本，但学生"配合老师教"的痕迹仍较为明晰与严重。

"天下大事，必作于细。"提出"学生第一"，不是要我们拎着头发离开地球，而是期待着人人能够改良：改进我们的课堂教学，使之更贴近学生；改善我们的教研活动，使之能就如何帮助学生引起更多思考，实现经验和智慧的分享。

做到"学生第一"，我能想到的有两点：语文教学内容呈现的儿童化与语文教学方式的多样化。

一、语文教学内容呈现的儿童化

教材是语文教学的主要凭借，语言文字是语文教学的主要媒介。教学内容呈现要儿童化，意在尽可能用学生喜闻乐见的形式，让学生清晰、形象、明确地感知学习内容，带着积极的情绪去理解、运用，字词学习与读写能力的发展莫不如此。

回味斯霞老师如何教"饱满"，能够启发我们字词的学习要与课文相联系，与生活实际相联系，与认识事物相联系，这样，字词就鲜明地"活"起来了。

学习支玉恒老师用《太阳》教"说明有序"的知识：学生先自由读书，然后把自己读懂的扼要写到黑板上，通过重新梳理，学生明了了"序"的必要。支老师又以"大队长、中队长、小队长"的比喻帮助学生形象掌握了知识，不可谓不妙。

向于永正老师学习写作："考试"一课的波澜起伏成就了学生心情的一波三折，习作的内容自然产生，习作的方法融合其中。学生下笔不难，技能学习也不难。

如果把语文学习从课本拓展到生活，那么，语文课程就会以更立体更丰富的形式出现，比如广播中主持人绘声绘色的讲故事、书法家漂亮的一幅中堂、流行歌手的一支歌曲，都可能给语文学习带来别样的精彩。

我曾把周杰伦的《蜗牛》带进课堂，让学生一听为快。没想到无心插柳柳成荫，学生上完《奇异的世界》，在交流"安东尼怎么会从一个看门人成为一门科学的始祖的"时候，一个孩子说："因为安东尼坚持不懈，所以他成功了。"另一个孩子说："安东尼刻苦钻研、锲而不舍，所以他成了微生物学的始祖。"这时，一个孩子看到黑板上尚未擦去的《蜗牛》歌词，插嘴道："安东尼就是一只蜗牛。"一言既出，四座皆惊。"安东尼，一个普通的看门人，就像一只很丑的蜗牛；但是他有大大的梦想，不断地往上'爬'，他有了自己的'天'！"师生一致认为这孩子想得好，说得妙！

二、语文教学方式的多样化

审视当前的语文课，讲讲问问、繁琐分析依然大行其道。读，有，但不多；写，也有，但几近于无，都留到课后去做。这样的课堂，学生参与少，效果可想而知，不改不行。

教学方式的多样化，须追求教学方式的正确。一篇简单的白话文要不停地问、讲，微言大义、零敲碎打，这哪里是语文学习？突出字词的学习，强化语言的朗读与积累，关注读写知识的感悟与运用——语文课要有语文味，而不是分析、应试的酸味与腐朽味。

教学方式的多样化，须保障学习方式的多样。语文需要感悟，需要记诵，突出自主学习，鼓励合作学习与探究学习，如是，才能发挥班级授课制的优势。如果说知识的学习尚可靠听讲掌握，阅读、写作的学习则必须让孩子"跳到游泳池里游泳"，甚至有必要让学生先尝试，再考虑要不要教以及如何教。

教学方式的多样化，须考虑儿童身心特点。儿童注意力不容易保持，儿童的思维在十根手指上……英国教育家怀特海这样告诫我们，"我坚持认为这是教育中的一条原则：在教学中，你一旦忘记了你的学生有躯体，那么你将遭到失败。"基于课文情境的朗读、课本剧的表演等等都会使学生"小脸通红,小眼发光",那是认知、情感和创造的火花在闪烁,在燃烧。

行笔至此,突然想起"戴着镣铐跳舞"。舞蹈的人体无疑是最美的。学生第一,也是如此美妙的事情——即使在当下,我们也不能只是高山仰止,而须"跳"起来。你跳我也跳,语文教学的希望也许会喷薄而出,给学生一个晴好的天空。

2012 年 6 月

拓展阅读

苏霍姆林斯:《请记住:没有也不可能有抽象的学生》

于永正:《是老师配合学生,不是学生配合老师》

语文慢慢改变生活

三天前，天气预报说今年中秋无月。

今夜，中秋月突然出现在东边的天宇，我们心中顿时涌起喜悦的浪潮。

餐桌上，儿子提议，用"月"组词。满月、月明、圆月……一家三口一个接着一个说。其间，我把一个词送给了妻子"救急"，一眨眼，却轮到她给我"雪中送炭"了。

这是我们家的保留节目，吃饭时想起了就玩。这次，儿子兴趣盎然，要求继续说四字词语，也得有"月"。

"闭月羞花。"妻子第一个。"月光如水。"儿子接龙。"花好月圆。"我最后……

"太难了，不玩了。"我准备耍赖。无奈母子不同意，我便"光明正大"地打开《中国成语大辞典》，呵呵，月落乌啼、月明星稀、月里嫦娥、月下老人……这些都是成语啊！大声朗读，既是分享，更想让儿子无意识记。

"月白风清——微风清凉，月色皎洁。形容幽静美好的夜晚。"

读到这里，我故意问："请问，小偷出没的那些夜晚怎么说？"

"月黑风高！"……

"海上生明月，天涯共此时。"今夜就开车出去，到市民公园的亲水平台。月亮才上柳梢头，已一湖月光，风清，极爽。

有人在放孔明灯，红红的灯笼随风而起。儿子背着相机，拍人，拍月，拍湖，拍天光云影。

热闹过后，三人踱至一长桥，在我的提议下，面月背诵古诗，诗须写月。

"举头望明月，低头思故乡。"

"明月几时有，把酒问青天。"

"露从今夜白，月是故乡明。"

…………

诗背完了，月也赏完了。回去，锅里的芋艿已熟，牛肉正香。阳台上摆一茶几，置月饼、苹果若干，瓜子一盘，清茶数杯，在毕毕剥剥声里继续坐一坐，聊一聊……

原谅我这么不厌其烦地叙述，我只是想请大家来一起思考：中秋给予一个家庭的清风明月，语文给予中秋的"月满花香"，实在迷人。于是，不能不想，在这样一个夜晚——

语文到底是什么？我们的语文教学究竟能给学生什么？能给他们当下及将来留下什么？

语文，当然在语文教材中，但要追问：语文仅仅在语文书中吗？

语文学习，除了课上的朗读与答问，就是数不清的课外作业与周末卷吗？这些是语文教学的现实，但须自问：仅有这些，语文教学有没有光明的未来？

只读一本语文书的语文，就像没有游戏的童年一样。

只做题目的语文教学，无异于诗人不写诗、工人不做工。

这样的语文教学，让人想起鄱阳湖。2011年的某一天，文汇报头版刊出一张照片：半人高的荒草丛中，赫然站着一男子，男子所站地竟然是鄱阳湖，而且是鄱阳湖的中心地带。从小就知道鄱阳湖是我国四大淡水湖之首，这样的一个湖竟也会如此？那么多的水，那么多的鱼，都哪里去了？

语文教学是不是也在走向这样的一种"干旱"——不知不觉，悄然之间，以一种谁都钝感的方式进行着……

只是，谁都清楚，语文教学不能只看学生今天考得好不好，更要想他们在人生的道路上走得远不远，那么——

能不能让一堂语文课变得不同，让更多的学生在你的课堂微笑，朗读，沉思，表达？然后这样的课有第二堂，有第三堂……

能不能除了做题目，每一周都有一天，甚至两天，让学生只诵读一篇时文佳作，或者捧起一本心爱的书，静静地读上一小时、两小时……

能不能让孩子的字、习作尽可能多地在教室的墙壁、黑板上展示？能不能让学生走上讲台，说说他们的故事，谈谈他们的看法？能不能带着学生走出教室，春看杜鹃秋赏菊？能不能在这样的时候，一起诵读关于月亮的诗文佳作？

能不能因为你，你的学生开始爱上书法，爱上朗诵与演讲，或者，以写作为快？

…………

也许你是一棵身不由己的植物，但是你的每一个学生都是你的种子。

因此，再微小的努力也是有意义的。

就让我们慢慢地做吧，从早晨一直做到晚上，等待美好的语文跟明天一同到来。

2011 年 9 月

拓展阅读

商友敬：《我有一个梦》
周国平：《教育的七条箴言》

把"读书"写到语文教改的旗帜上

合肥有个小学语文教师，叫薛瑞萍，是《中国教育报》评出来的"年度十大读书人物"。她喜欢带孩子朗读，乐于带孩子读课外书。这是她某年9月4日写下的一则教后记——

周末想了又想，决定周一的早读专门用作朗读和持续默读。教师朗读长度约为5分钟一篇短文；余下的十几分钟，学生自由、持续地默读。

读什么呢？昨晚在家挑了又挑，选中"亲近母语"自读课本第6册，然后从"听不厌的故事"之《田螺姑娘》开始，挑了又挑，选中短小精悍的《三个好朋友》。

"作者，新美南吉；翻译，孙幼军。"指着黑板，教师让他们念三遍。这是脱胎于佛经读诵的"三称"，想表达、想种植的，是一种敬重和感激。

然后，如吉姆·崔利斯所教的那样，站在讲台一角，将书捧得高于学生头顶，一边读，一边和学生进行着目光的交流。

他们又飞到黄花那里，对黄花说："黄花姐姐，让我们飞到你的叶子
• 下面躲躲雨吧！"

"黄花说——"教师停了下来，期待地看着下面。

"黄蝴蝶进来吧，其他的快飞开！"

笑一笑，教师接着读。

…………

可是白花也说："白蝴蝶进来吧，其他的快飞开！"

"这三个好朋友还是一齐摇摇头，对白花说——"

这一回，孩子们一齐大声地，几乎是喜气洋洋地——

每月与语文教师书

"我们是好朋友，一块儿来，也一块儿走。"

盈盈一室，一片温暖相契的笑容中，故事灿烂的结尾在所有人的心头：

这时，太阳公公看见了，赶快把乌云赶走，叫雨停下。

天终于晴了，这三个好朋友又一起在花丛中跳舞做游戏。

"掌声！"教师提醒——这也需要教的。

然后，"谈谈看法吧。随便说"。

"我觉得红花、黄花还有白花，她们很偏心，很自私。和她们一样颜色的蝴蝶，就给进去躲雨，不是一样颜色的就不让进。这不好。"韩玉玚说。

"红蝴蝶、黄蝴蝶还有白蝴蝶，她们就很好，不自私。不让朋友躲雨，自己也不躲雨。"晏楚芸说。

薛瑞萍老师的读书课不复杂，却令人神往。我不由想起于永正先生的语文课，想起他教一篇课文往往先要指导学生读上一节课，可谓把"不熟读不开讲"做到了极致。

龙年开端，与大家分享薛老师的故事，是希望我们语文教学的旗帜上大大地写上两个字：读书。

是的，读书！

"不读书"是小学语文课最大的失败，也是最祸害无穷的语文学习的开端。近年来目之所及，耳之所闻，愈来愈多的人学语文不读书，实在不能不令人忧思！

围绕"读书"，我们迫切需要做好两件事——

第一件事：语文课上要书声琅琅。

"今天，我们的小学生从一二年级就开始搞分析。一种理解，一种声音，一个标准答案。大量的分析、启发，所谓热热闹闹的课堂，占去了小学生的大好时光。"[1]韩雪屏教授认为"文章分析"式的阅读教学"混淆了语文能力与语文知识的关系"，是"以指导学生研究语言取代组织

---

[1] 黄玉峰《教学生活得像个"人"——我的大语文教学》，上海教育出版社2011年7月第1版，第44页。

学生学习语言"。一句话，不科学，也不适合小学生。因此，苏教版小语教材主编张庆先生说："堵不住烦琐分析的路，就迈不开语言训练的步。"[1]

关于讲解分析与朗读体会的区别，徐世英先生的理解很值得我们思考："讲解是分析，朗读是综合；讲解是钻进文中，朗读是跃出纸外；讲解是推平、摆开，朗读是融贯、显现；讲解是死的，如同进行解剖；朗读是活的，如同赋给作品生命；讲解只能使人知道，朗读更能使人感受。因此，在某种意义上讲，朗读比讲解更重要。"[2]

所以，我们低年级的语文课是不是要以识字、写字、朗读、背诵为主组织学习活动？我们的中高年级语文课是不是也要以读为主线？即按照语言学习的规律来组织课堂教学，重语言的感受、领悟和积累，在听说读写等实践活动中，让学生理解好、运用好祖国的语言文字。

特别要提醒，语文课上的"问""讲（议）""练"都应在"精"字上下功夫。

"问"须有价值有趣味，意在帮助学生把书读懂，把书读好。于永正老师教《将相和》《赤壁之战》和《景阳冈》三课时有精彩的"三问"：

渑池之会上的斗争是达成了平局还是决出了胜负？为什么？

打仗前，主帅总要对部下将士分析一下形势，如果你是曹操或是周瑜，会怎样向你的将士讲？

第三段写老虎向武松进攻了几次，武松是怎样对付的？武松为什么一开始要用"闪"的办法对付老虎的进攻，从"三闪"你看出了什么？

"讲（议）"和"练"同样要精当。学生能自己读懂的教师不讲，教师讲了学生还不懂的不讲，一篇课文就讲那么一两个方面，语言也要明确、精练，尽可能形象、生动。

"练"是根据课标与教材的训练重点，抓住合宜的知识或能力点，精

[1] 张庆《堵不住烦琐分析的路，就迈不开语言训练的步》，《江苏教育》1994年第4期。

[2] 转引自永正《指导朗读人物对话的艺术》，《教师博览》2003年第1期。

选典型、精心设计、精于指导，而非不顾学生实际尽搞"拿来主义"，或是没有目标一味"大练特练"。

第二件事：语文课外要读起书来。

小学生记忆力最好，是最应该积累的时期。学习母语，不要"深挖井"，而宜"广积粮"。语文老师，就该指导、督促、帮助学生大量阅读课外书籍，把孩子从教材这一方小得可怜的"水池"引到广阔的"大海"，让他们在那里见识语文天地的美丽与开阔，滋生领略无限风光的志愿与向往，以期自能读书、自能作文。

开头提到的 薛老师每天都带着她的学生诵读经典。一年级时背童谣，一天两首；二年级时背儿童诗，比如金子美铃的《海浪》、顾城的《毛虫和蛾子》；三年级时采用"3 + 2"模式，即三天唐诗，两天泰戈尔的《飞鸟集》。在她的指导下，学生三年级时全班将《365 夜日记》《365 夜作文启蒙》读了个烂熟；四年级，一半同学读过少儿版的《西游记》《水浒传》《三国演义》等。

推进课外阅读，不易。因为不易，更显珍贵。从 2011 年 9 月起，我每月写一则读后感，向老师们推荐一本适合孩子阅读的童书。二实小的陈爱君老师已经带领孩子们读起来了。目前，我们正着力制定《每月读好一本——区域"课外阅读领航"计划推进书》，有三大重点，期待老师们一起参与。

一是如何让每个年段的孩子都保持阅读的兴趣，并且获得比较全面的"营养"。

二是在自己阅读与借鉴别人的基础上，怎样为自己学校（班级）的孩子选择适合的有益的课外书。

三是如何开展读书指导活动，能让学生时时有交流的机会，而不是"独读"无友。

在我看来，没有比朗读，也没有比博览更接近语文学习本质的方法了。

在我看来，唯有朗读与博览，方能为松江的每一个小学生奠定厚实之功底，文明之情趣，独立之人格，自由之精神。

你以为呢？

2012 年 2 月

拓展阅读

于永正：《阅读教学要以读为本》

张庆：《堵不住烦琐分析的路 就迈不开语言训练的步》

全力以赴，帮助每个学生写好汉字

6月21日，松江区教师进修学院，毕业考试阅卷现场，我的手机响了，是三新学校鄂老师发来一条消息，请允许我全文摘录：

谈老师，您好！我是小鄂。今天在批考卷，四年级的。两个感受：一是学生不会抓信息并概括；二是，字，真的很差！语文，学语文最基本的，现在仿佛成了最难的。我批着，确有如坐针毡的感觉。所以，对于我的学生，我肯定要抓好这些，不管耗时多少。一点感受，与您交流。

毕业考阅卷现场，写字小组结束了认真而紧张的批阅，对学生写字质量小结如下：态度认真，书写端正，但在基本笔画、间架结构上普遍存在问题。

8月下旬，我读到沈君老师的博文《语文教学的失败》，其中也谈到写字的问题，与鄂老师几有同样的感受：

批了四叠作文（指刚升入预初学生的作文，作者注），能"相得中"的书写只有几个。真的，一点也不夸张。要找到一张写得工整的试卷好难。都是"不堪目睹"的，或者是随意用修正液涂改的。有些疑惑：不是都经过写字等级考试了吗？怎么会是这种结果？究竟是何原因？

从去年毕业考试始，在广大教师的理解与支持下，学生写字得分真正拉开了差距。区教研活动也一再强调写字，并组织了相关培训活动。今年中级职称论文鉴定，我至少读到了5篇关于写字的论文，占1/4强。

的确，市教委去年发文后，我区语文教师更加重视写字了，一些教师深入实践，他们学生的字也大有进步。这两年，我都批阅了在暑假举行的"中国人寿杯"学科竞赛语文卷，发现得分在 80 分以上的孩子有个共同的特点，整张卷子的书写工整、干净，有一些算得上漂亮。再如，今年毕业考试第一名的张正涛同学，他爱读书、作文，字也写得特别好，用他同学的话来说，"和书法家的作品简直是一个模子刻出来的"。

既如此，为什么鄂老师、沈老师还这么强烈地感受到学生的字不够好呢？看来，我们还有必要从自身角度来作一番反思与改进。

一、全力以赴，我们每位老师能否都写一手好字

为什么要这样，你懂的。

上个月，我回到老家，与老朋友管建刚小聚。他告诉我，他所在的屯村中心小学已经有两位语文老师加入了中国书法家协会，还出了好几位省书协会员。惊讶之余，我很钦佩屯小人"咬定青山不放松"的韧劲。10 多年前，我几乎每个月都要去这所学校。那时，学校提出了"端端正正写字，周周正正做人"的目标，上写字课，编印校本教材，开发写字课程，学生天天练字，教师也跟着一起练。时任苏州市副市长的朱永新教授多次在演讲中盛赞这所学校。

提这件事情，是因为时间证明，教育，是可以让学生、老师都成就自己的一件美好的事情。

提这事，当然不是要我们语文老师都成为书法家；然，要让学生写好字，我们语文老师不是书法家，就是在走向书法家的路上——这是确切无疑的。

我们不用怀疑，一个每天都练字的语文老师，跟一个几乎从不练字的语文老师，在教学生写字时，有着怎样不同的底蕴与指导力。

二、全力以赴，搞清楚每天 10 分钟的课堂写字究竟要教什么

教育部提出每天要有 10 分钟的写字时间。如何用好这点时间，我看关键是确定精当而适宜的教学内容，教师每天的教不能都是在"重复昨天的故事"。

我们教生字时，一般都抓住重点难点进行示范与讲解。这样的教，目的是写好这个字，效果也是有的，但存在明显的不足，即只是教这个字的写法。离开了老师，学生很难写好其他字。语文学习的时间是有限的，能不能借助教一个字，让学生获得写好一类字的基础知识与技能？以前在中山小学，看到徐国秀老师每天中午指导学生练一个字，开始不理解，了解后觉得徐老师很有创见，从一个字学规律，去写好更多的字，这才是好的写字课，以少胜多，学有进步。

如何确定写字教学的内容？我以为小学生重在笔画，重在结构，重在楷书与行楷常识。

三、全力以赴，致力于良好写字习惯的培养

汪曾祺先生曾批评中国美术院校的中青年画家不会题字，"字则是叉脚舞手，连起码的横平竖直都做不到，几乎不成其为字。这样的题字不是美术，是丑术"[1]。

这些人不可谓不聪明，缺的是情感态度，是对汉字美的追崇。世上文字千万种，汉字可谓惊天地泣鬼神。因此，在某种程度上，写好字需要情感、兴趣与意志的参与。

没有比培养学生良好的写字习惯更重要的事情了。一要培养学生写好一个汉字的习惯。一定要从模仿入手，再临写。无论摹、仿、临、默，都要用"心"揣摩，"得心"方能"应手"。二要养成每天练字的习惯，无论天气心情，无论学习多忙，都要坐下来，静下心，拿起笔，练几个字。这样的氛围，这样的学习，哪怕十分钟也好，把一个字练上10遍、20遍也好。

过去一年，我不止一次说过，我有一个梦想，就是松江的每一个孩子都能写一手漂亮的汉字。说这话后，我从来没有停止练字。我知道，梦想需要我们每个人动起来，从练好一个字开始，从每一个今天开始。

---

[1] 转引自孙永庆《书画自娱的汪曾祺》，《云南日报》2010年6月23日。

那么，你呢，我的朋友？

2012 年 9 月

拓展阅读

谈永康：《重在提高"每天 10 分钟"的质量》

黄玉峰：《练字的意义和方法》

关注高层次思维

事情过去很久了，可是我依然记得那个春日的午后，在金山一所相对偏僻的中心小学，几个二年级的学生在说话练习时突然辩论了起来。要知道，市里一个大型课程教学展示活动正在这里举行，听课专家、与会教师坐得满满的。执教的语文老师没有料到学生会突然质疑别人，手足无措地被晾在讲台上。

且看当时课堂上的情况——

老师出示了一个说话练习，提供的句式为：玉米，你的确很棒，你（　　）。

一个学生说："玉米，你的确很棒，你裹着碧绿的外衣，长着深褐色的胡须，还有鲜嫩、黄灿灿的果实，特别惹人喜爱。"

说得真不错。这时，一位男生自己站了起来，说："老师，我觉得用'披'好。"老师还没反应过来，这学生就继续说自己的想法："应该这样说：你披着绿色的外衣，长着深褐色的胡须和黄灿灿的果实。"

这时，一些学生似乎被激活了。一个学生表示不同意，"我觉得前面的同学说得对，刚才出示的图片上玉米就裹得严严实实的，要用'裹'才好"。

原来，老师一前一后出示的两张玉米图片，叶子竟画得不一样。这几个学生看得仔细，现在较起真来了，如何是好？上课的教师愣在讲台上，听课的人也在着急。

这时，一位学生举手了，说："我也觉得用'裹'好。以前我们家就种过玉米，收了之后，我看奶奶剥玉米，玉米都是裹得好好的。"

一场学生自发的争论，最后在学生事实胜于雄辩的结论中结束了。上课老师这时也笑了。

课后，评课专家说，语文课上学生思维活跃，很有水平。同时，他开玩笑道："老师比学生紧张，学生比老师清醒。"

现在，这个一直铭刻在我脑海里的课堂讨论被一个叫"高层次思维"的名词给概括了。

语言是思维的外壳与工具，语言的学习从来都伴随着思维的发展。所谓认知发展，其实就是人的思维的变化。高质量的语文学习，一定伴随着高层次的思维活动。

二年级学生的这次讨论源于观察。有思维的概括与归纳，明显具有如下品质：

批判性：发现别人思维的漏洞，勇于指出。

创新性：围绕发现的问题进行有理有据的讨论。

实践性：联系实际解决问题。

由这样的一个讨论想到我们的语文教学，再联系 2011 年"绿色指标"测试反馈，我区小学四年级学生高层次思维能力距市平均水平差了一些，于是，吁请老师们关注学生高层次思维能力的培养。

高层次思维，一个全新的概念，一个陌生的领域——仔细想想，好像是，又好像不全是。这里，我记下自己粗浅的思考：

第一，多让学生提真问题。

二期课改教材从二年级开始就训练学生提问，五年级仍作要求。训练的目的是学生语言、思维并重，实现双丰收。从实际情况来看，教也教了，当时学生也提问了，但是多数学生仍没有养成质疑的意识与习惯。总的来说，学生学习仍是被动的，缺乏问题驱动。这方面应该下功夫，要在鼓励提问的机制上花时间，动脑筋。学生学课文，没有问题就不需学。当然，教师要教一些提问的方法，文本内容要问，文本形式也要问。多问要比少问好，真问要比假问好。所谓假问，就是明知故问，稍动脑筋就能解决的问题还要问。

第二，教学要建立在学生的最近发展区上。

最近发展区是维果茨基最早提出的。他认为，人类认知过程在个体和群体两种水平上表现为两种发展水平：第一种是儿童现有心理机能的发展水平（儿童实际的发展水平）；第二种是在成人的指导和帮助下所达到的解决问题的水平（儿童潜在的发展水平）。两者之间的距离就是最近发展区。作为语文老师，应当尽力弄清班级学生的最近发展区，通过提问、讨论等促使学生向认知发展的潜在水平方向发展。前提是：学生懂的，老师不教；学生自学能懂的，老师也不教；老师教了学生仍不懂的，老师不教；唯有学生不懂又需要学习且能学懂的，教师必须教好。

第三，带学生经历问题发现与解决的全过程。

问题常常指一种情境，问题的解决具有如下三个特征：目标指向性，即明确做某事的目的是什么；将总目标分解成许多子目标；找到解决的方法。阅读教学中的问题主要是针对文本内容与形式，也包括阅读的策略、方法等。有一次教《凡卡》，教学目标之一是学生感受"写信"这一表达形式的好处。我让学生从课文中抽取信的全部内容，换成第三者转述，让学生连起来读。同样的内容，换一种形式，叙述角度变了，文本一下子失去了感染力，学生在跟原文本的对比中领悟到"写信"这一新颖表达形式的妙处。作文教学中的问题主要源自写作动机与写作目的，当然也包含一定的写作技能。于永正老师在20世纪进行言语交际作文实验时，几乎每堂作文课都创设一个问题情境，学生产生了表达的需求，而原有认知结构又不匹配，无法提供相关知识、技能来解决问题，教师因势利导，展开习作教学，让学生从"生惑"到得法、"解困"。这样的学习注定因思维的参与、展开而有效、深刻。

让学生聪明起来，带他们到语言的源头——思维的森林里去巡游；当语言的发展建立在思维这根支柱上，语文教学的任务就可以事半功倍了。

2012年11月

拓展阅读

于漪：《要拓展创造思维的空间》

李镇西：《还学生以独立思考的权利》

每月与语文教师书

帮助学生顺利渡过语文学习"关键期"

20多年前，我还在南京晓庄师范读书。"教育统计学"授课老师提供了一份调查报告样例，供我们学习借鉴。这份报告用翔实的数据，提出三年级是小学语文学习关键期，很多孩子在这个时段会出现学习困难，倘不能得到及时的指导与帮助，他们的语文学习会一落千丈。

对孩子来说，毫无疑问，每一个年级都很重要，但总有一些特殊的阶段，比如三年级，它承前启后，无论是学习的内容还是学习的要求，都明显高于低年级，同时又在为高年级做铺垫。所以，三年级的课不好上。很多老师也反映，教低年级时目标清晰，教高年级也心中有数，就是三年级教来教去都没感觉。

教研活动重在解决问题，因此在探讨了一年级阅读教学之后，本学期我们又聚焦三年级阅读教学，探究如何基于课程标准改进课堂。与上学期不同的是，这一次研究与《学期课程纲要》的研制结合在了一起。我们在《三年级第二学期语文课程纲要》中确定了五大目标，跟阅读直接相关的是第2点：

正确、流利朗读例子类课文，有感情地朗读或诵读经典类课文，结合语境理解关键词句的意思。继续提高带着任务默读课文的能力；重点读懂典型段落，能基本概括段落大意；能初步把握课文主要内容，大概体会课文的思想感情。背诵8首古诗，至少读5万字课外书。

听说读写，阅读最为重要。提高学生的阅读能力，是阅读教学的主要任务。从阅读能力要素构成角度，我们设计了评价量表：

三年级阅读能力评价量表（实验稿）

要素	分解内容	优秀	合格	需努力
认读能力	识字学词			
	读通课文			
理解能力	了解大意			
	读懂词句			
	归纳段意			
	了解段式			
	感悟主旨			
	体会标点			
评价能力	评说人物			
	评说课文			
迁移能力	迁移阅读方法			
	迁移句式段式			
	运用课文解决问题			

三年级阅读过程评价量表（实验稿）

要素	分解内容	优秀	合格	需努力
阅读兴趣	喜欢阅读			
	多读好书			
阅读方法	有方法（默读、诵读、略读）			
	有思考			
	有疑问			
阅读习惯	背诵经典诗文			
	积累精彩词句			
	养成阅读习惯			
	每月读一好书			
	乐于与人交流			

如何围绕量表与《学期课程纲要》，上好三年级阅读课？下面谈谈我的学习体会与粗浅收获，期待你的分享与建议。

一、凸显年级特点，为学生顺利过渡提供扎实的知识基础

三年级好像一座桥，低年级学生经过两年的学习，已经具备了一定的阅读素养，这个年级在阅读教学上的"独当之责"在哪里？

1.字词的学习。三年级学生基本过了识字关，有了一定的自学能力，因此，这时候要多鼓励学生预学（可以是预习，也可以是课堂自学）。在字词教学上，要进一步做好三件事。一是重视思维发展，引导学生体会关键词在语境乃至篇章中的意义、作用。二是加强积累。随着生活面的扩大、阅读能力的提高，学生积累字词的途径也在拓宽，如语文课文、课外书报，还有与各种人物的交谈、欣赏文艺节目等。积累的方法也更加丰富，如按词义相同（相反）或相近（相对）的积累，从词的描写对象进行归类积累等。三是鼓励运用，把所学字词用到说话、作文中。

2. 标点符号的学习。巩固逗号、句号、感叹号、问号等知识，重点学习运用冒号与引号。相关知识的教学要结合语境，同时要通过适当的抄写与运用，让学生在实践中掌握这两种符号的基本使用方法。

3. 理解能力的提高。理解是阅读的重点与难点。三年级除了基本把握课文大意、主旨外，要重点培养学生读懂自然段的能力。

自然段一般是前后衔接、共同表示一个意义中心的一组句子。读懂自然段，一是读懂自然段的段意，二是读懂自然段的形式。段意的把握与段式的学习密不可分。由于逻辑关系不同，自然段的构成常见的是五种关系：①并列关系；②承接关系；③总分关系；④因果关系；⑤转折关系。弄清段式往往利于概括段意。比如并列关系的自然段一般要用归并句意的方法概括，而总分关系的自然段抓住中心句即可。

无论是段意还是段式的学习，都宜采用"做中学"的方式，即让学生在朗读、默读等实践活动中，先了解每句话的意思，再认识几句话的意思。学生有了初步的分析综合能力，就会逐步理解句与句之间的联系，懂得怎样分层。对段意的表述，要鼓励学生用自己的话说。

理解自然段不是阅读教学的最终目的。段的教学是理解课文的一种手段。如果没把着眼点、归宿点放在培养学生的能力上，只满足于让他们答出段意是什么，甚至让学生读抄背，就背离了教学的初衷。

4. 训练基本的阅读评价与迁移能力。我们可以学习贾志敏老师《全神贯注》的教学，在基本把握课文内容与主旨后，贾老师提了两个问题：你认为罗丹这样做对吗？凡事都要全神贯注吗？课堂讨论时，学生发言很热烈，观点也不尽相同，比如第一问，有的人认为做得对，有的认为不对，还有的认为半对半错，每种观点都能讲出理由。迁移能力主要针对自然段，即能运用读懂一个自然段的方法进行必要的训练，并把获得的段式知识迁移到作文中去。

二、改进教学方法，为学生顺利过渡提供充裕的情感能量

低年级语文课，常能看到对话表演、续编故事等充满情趣的教学活动，但到了三年级，我们的分析就多了起来。课程标准强调要落实三维目标，我们不能满足于教对、教全，还要更上一层楼，在追求学好、学会的基础上，多考虑学生情感、心理等方面的需求。三年级的语文课应该有情有趣一些。

例如让学生基本把握课文大意，我们一般的要求是说完整、说简练，教学中使用最多的是两种方法：一是直接提问；二是提供一个填空，让学生借助"脚手架"完成概括。这样教没有错，但学生兴趣不大。能不能依据课文特点来设计一些新颖的活动？于永正老师教《壁虎》，在学生初读课文时就提了一个很有意思的问题："有人说，这一课的题目后面应加上'捉虫'二字，改为'壁虎捉虫'。该加还是不该加呢？"学生一听，来了兴趣，带着问题读书。读完一遍，于老师请学生再读一遍，每读完一段，就想想这一段写了什么。读完了，才组织全班同学讨论该加还是不该加，说说理由。于老师与我们不同的是，**他激起了学生的思维冲突，在把握自然段段意基础上轻松地完成了对全文大意的概括。**

再例如语言的积累与内化。我们一般的做法是多读，有的老师还用填空帮助学生记忆。学生最后也记住了，但是学得很累。于永正老师教《翠鸟》就不同了：

师：同学们画得这么好，可不能浪费了，谁能介绍介绍这些翠鸟？要想介绍得好呀，得把第一自然段读好，读得滚瓜烂熟！（学生自由读）

师：谁来介绍介绍？（指名）你来，下面这些同学都是来参观的。

生：这只翠鸟……

师：停！你看，同学们都坐得这么好在听你的介绍，你要不要先说些什么话呢？

生（笑了一下，再一想）：同学们好，你们看，这只翠鸟……（学生

每月与语文教师书

32

介绍得较简略）

师：你觉得介绍得怎么样？

生：还不错。

师：这么自信？

生：是。

师：于老师来给你提点意见。人要有自信，不过也要实事求是，我觉得你介绍得还不够好，太简单了点。你知道你为什么没有介绍好吗？

生：不知道。

师：于老师告诉你为什么，因为你没有把第一自然段读好。谁还愿意来介绍一下这些可爱的翠鸟？（一女生介绍，介绍得很详细，很生动）

师：你介绍得太好了，你瞧，同学们都被你的介绍吸引了。

师：从同学们的介绍，从同学们的表情，我可以看出同学们都非常喜欢翠鸟，那么愿不愿意当翠鸟呢？

生：愿意！

师：好，那么现在我们就把身份换一下，现在同学们就是一只只可爱的翠鸟了。我是从欧洲来的，是世界绿色和平组织成员。我这儿有身份证（于从口袋里掏出一张身份证挥了一下），我们绿色和平组织的成员都是你们鸟类的好朋友，我想采访一下各位翠鸟们，你们愿不愿意接受我的采访呢？

同样是积累背诵，于老师的课堂就轻松、有趣，靠的是什么？把背诵任务同真实的交际结合起来，转换成生活味很浓的"介绍"活动与"采访"活动。学生的学习有了情感的推动，效益就大大提高了。

三、用好评价杠杆，为学生顺利过渡培养良好的学习习惯

进入三年级，语文课时明显减少，而学习领域在扩大，学习要求也逐步提升，这时候，我们就要因时制宜，因势利导，在培养学生良好学习习惯上多下功夫。

比较好的支点就是抓住"评价"这根杠杆。我们在《学期课程纲要》中提出了三年级期末考试内容与方法：学期总评成绩以百分制呈现，其中

过程评价占 30%，期末考试成绩占 70%。过程性评价见下表：

评价项	评价依据	评价主体
口语交际 10%	根据学生平时课堂能否专心倾听、积极表达，小组合作学习时主动参与。分为四个等级：A 等 8—10 分，B 等 5—7 分，C 等 3—4 分，D 等 0—2 分	自己、同学、家长、老师
综合活动 10%	根据学生参加语文综合实践活动情况确定，准备是否充分，参与是否主动，任务是否完成。分为 3 个等级：A 等 8—10 分，B 等 5—7 分，C 等 4 分以下	自己、同学、老师
课外阅读 10%	根据学生平时课外阅读情况打分，是否喜欢阅读，学期课外阅读量，与同学交流。分为 3 个等级：A 等 8—10 分，B 等 5—7 分，C 等 4 分以下	自己、家长、老师

三年级期末考试包括了写字、基础知识、阅读、习作四项。

写字	基础知识（含古诗诵读）	阅读	习作	备注
5%	20%	40%	35%	

这一评价最大的突破是把课外阅读、口语交际也放了进来，这样就有利于整体推动三年级阅读教学改革。

我们还要用好已有的两份阅读能力量表，建议半学期左右就组织学生自评活动。自评后，可以让学生对接下去的学习做一个计划，做到扬长补短，以充分发挥评价促进发展的功能。学生在自我评价、自我教育过程中，不断地对学习行为进行矫正与完善，有利于良好学习习惯的养成，从而向着乐学、能学、会学的目标前进。

2014 年 6 月

拓展阅读

刘安明：《浅谈三年级阅读教学中教师的"导"》

康义芳：《三年级语文自然段教学》

走近"传统文化"这条河

近日一大教育新闻是：国学入高考。

不少媒体惊呼：高校招生的这一变革，有望在短期内刺激高中生勤奋背诵"子曰诗云"。让我们来了解一下相关信息：

清华大学提出将选拔在语言、逻辑、国学等方面具有特殊天赋或才能的学生。清华大学今年首次推出的人文科学实验班，报考学生需能背诵《三字经》、《百家姓》、《千字文》、"四书"以及《周易》、《诗经》中的一种。其中还有"能用篆书默写540部首，能简单讲解六书"等要求。

人大自主招生涉及国学专业，要求考生"具有扎实的古文基础，研读过部分中国传统文化典籍，了解中华民族核心的价值理念和文化追求；参与国学相关竞赛或活动获得省级以上奖项或发表过国学方面的论文"。其中"国学基本知识"占据考分的50%，古代汉语、语文常识、写作等占50%。

对此，二十一世纪教育研究院副院长熊丙奇表示，传统文化与国学教育在中学教育体系中的定位，其实业界早就有过研讨。目前面临着两难的选择，如果在高考中，不添补国学的试题，学校不会引起重视；如果将国学纳入考试，很可能加重学生负担，却并没有起到真正的传播传统文化的效果。

国学"受宠"，其实并不意外。一个民族，总有自己优秀的传统文化。"忘记过去就意味着背叛。"正如一学者所言："其实，只是因为生而为中国人，才有'国学'问题；如果生在地球其他地方，一样有人类优秀文化的滋养，有其自己的'国学'，其中必定不乏闪耀真理光辉的内容。"[1]

由国学想到我们民族优秀的传统文化。

优秀传统文化是中华民族的精神家园，是人类文明的生存智慧。党和国家领导人十分重视传承与弘扬中华优秀传统文化。习近平主席在多个场合展现对传统文化的重视。习主席指出，培育和弘扬社会主义核心价值观必须立足中华优秀传统文化，博大精深的传统文化是我们在世界文化激荡中站稳脚跟的根基，深入挖掘和阐发中华优秀传统文化讲仁爱、重民本、守诚信、崇正义、尚和合、求大同的时代价值。

中小学历来十分重视优秀传统文化教育，也取得了很多成绩与宝贵的经验。2014 年 3 月，教育部颁布《完善中华优秀传统文化教育指导纲要》，强调中小学"要分学段有序推进中华优秀传统文化教育，把中华优秀传统文化教育系统融入课程和教材体系"。

中小学语文教学在传统文化教育的融合上取得了很多经验：

第一，融合的目标是育人。

中小学语文教学中融合中华优秀传统文化教育，目标都着眼于育人。语文教材中许多经典篇章本身就是中华传统文化的承载内容与表现形式。因此，很多老师重视循文悟道、以文育人，引导学生联系生活，体验情感，在听说读写的语言实践活动中完善青少年学生的道德品质，培育理想人格。如用《静夜思》《少年闰土》《别了，我爱的中国》等培植学生的乡土观念和家国情怀，用《长歌行》《明日歌》《悯农》《蚕妇》等培养学生的惜时品质与惜物意识等。

第二，融合的方法主要是活动。

人类通过活动改造外部世界，同时活动也反过来改变人的心理。活动理论是心理训练的理论基础之一，它意味着心理状态只能通过有针对性的活动才能改变。因此，广大学校与众多老师都坚持用课内外活动来加强中

---

[1] 吴强《国学究竟是什么》，《新民晚报》2015 年 4 月 3 日。

华优秀传统文化教育。比如绍兴柯桥小学老师把节气纳入校本课程来开展传统文化教育，以长辈口耳相传等活动来促进学生认知，加强探究精神和创新能力的培养。再如江苏六合高中从不同层面同时建构富于优秀传统文化特色的国家、地方与校本三级课程体系，并以"传统文化专修课""传统文化主题活动课"与"渗透性活动课"等方式，在不同学段开展中华优秀传统文化教育。学生通过"渗透""浸染"，获得中华优秀传统文化的教育与洗礼。[1]

第三，融合较好的领域是古诗文诵读。

古诗是我国传统文化的精粹，经过千百年的沉淀，流传下来并能够选入课本里的古诗更是精华中的精华，可谓字字珠玑。它是感受中华文化的一个窗口，是学生学习和继承祖国语言文化最好的教材。引导学生诵读古诗文，也是语文课程融合传统文化教育最为突出的领域。一方面，《义务教育语文课程标准（2011 年版）》附录了"优秀诗文背诵推荐篇目"，不少学校都组织了晨读、午诵等活动，带领孩子们走进古诗，爱上古诗。影响较大的有常丽华老师，带领学生进入以二十四节气为线索的"在农历的天空下"古典诗词之旅。这是一个以诗词为主的综合课程，以农历时间为线索，根据四季变化学习诗歌，同时配合国画、汉字、书法、考古、对联、民俗等。常老师和孩子们走进大自然，欣赏花开花落，在"花之咏"的诗词课程中，走进自然，亲近诗歌，诗意地栖居在大地上。1994 年起，语文特级教师窦桂梅老师进行了"语文教学民族化与现代化研究"，研究目标是"继承工具性，打牢语文基础；注重人文性，弘扬主体精神；体现民族性，遵循汉语学习规律"。遵循由浅入深、由易到难的原则，选取从上古至而今的诗、词、曲，每天晨读 20 分钟时间。在六年的语文学习中，学生熟背了 300 首古诗词，积累了 1000 多条成语等。

当然，中小学语文课程在与传统文化教育的融合上还存在不少问题：

---

[1]　张一山《用传统文化课程渗透浸染——关于开展中华优秀传统文化教育的思考》，《新课程研究》2014 年第 11 期。

一是仍然普遍忽视方法，语文学习与传统文化教育的融合缺乏活力与魅力。江苏省语文特级教师张一山曾这样反思："我们并没有在语文课程和教材体系中系统融入中华优秀传统文化教育，我们没有建构基于语文学科系列融入中华优秀传统文化的体制与方案，并且在传承的方式方法上没有积极引导，有效突破。"例而言之，以经典诵读为代表的中华优秀传统文化教育在很多学校的教育工作中占据了重要位置，也取得了一些成果，但与提升青少年道德水平与文化素养的目标仍有不少差距；教学时不注意学生生活经验与语文经验的激活，重在字词意思的疏通，忽视语言情境的感知，导致传统文化教育起于诵读而止于诵读。

二是仍然普遍存在"两张皮"现象，语文学习与传统文化教育相互隔阂。传统文化的表现形式丰富多样，表现领域方方面面。但是不可否认，长期以来，我们的语文教学以应试教育或考试分数为导向，"考什么教什么"，语文教学异化成了针对考点知识的反复操练与机械识记，缺少对经典诗文蕴含的民族精神、道德品质、人文修养的深入挖掘与真切感受。

总结经验与问题，当务之急是走近"传统文化"这条河。在慢慢走近的过程中，可以考虑做下面三件事：

第一件事，静心学习，丰富传统文化常识。

中华传统文化具有历史悠久、博大精深等特点，涉及门类多，犹如一个百花园：诸子百家、琴棋书画、传统文学、传统节日、中国戏剧、中国建筑、汉字汉语、传统中医、宗教哲学、民间工艺、中华武术、民风民俗、衣冠服饰、传说神话、传统音乐……

作为老师，要进入其中，采用博览与精读相结合的方式可能是最合适的，即全面了解优秀传统文化，选择二三领域，深入研读，力求读出味道，读出成效，读出自我。

作为语文老师，兴趣更大的可能在国学、书法、汉字、对联、传说等领域，一来诸位在这些方面都有点基础，二来可以随时随地学习。这些文化领域也是跟语文关系最密切的。仅以国学中的"经"学为例，若走入沉浸，也是蛮有意思的。梁启超曾有比喻："《论语》如饭，最宜滋养；

《孟子》如药，最宜被除及兴奋。"南怀瑾先生另有不同寻常的比喻："儒家像粮食店，绝不能打，否则，打倒了儒家，我们就没有饭吃——没有精神粮食；佛家是百货店，像大都市的百货公司，各式各样的日用品俱备，随时可以去逛逛，有钱就选购一些回来，没有钱则观光一番，无人阻拦，但里面所有，都是人生必需的东西，也是不可缺少的；道家则是药店，如果不生病，一生也可以不必去理会它，要是一生病，就非自动找上门去不可。"

提"静心"，不仅指学习状态之投入，还指学习当常态化，最好是每日阅读、深思，积少成多，集腋成裘。

第二件事，用心实践，用传统文化滋养语文教学。

这也是毋庸置疑的。小学生应对传统文化，尤其对传统文学、传统节日、民风民俗等有基本了解，语文本身也是传统文化的精华所在，因此语文教学不但要主动跟传统文化联姻，更要用传统文化来滋养孩子的语文学习。比如低年级字词的学习，学生学多了往往感到枯燥，如果引入对对子的形式，在轻松有趣的学习活动中，学生不但可以巩固旧知，而且可以获得对音韵、对仗等知识的感性认识。

茹玉玲老师提出"传统文化教育应根植于生活"，这是很有见地的看法。如果传统文化教育停留在知识层面，停留在课堂，停留在学校活动，而没有切入学生的生活，与学生的见闻、体验、感想挂钩，这种教育势必是苍白的。于漪先生讲过："语言就像空气一样在我们周围，它形成了人的气质、品格、感知的方式、思维的方式。"传承、弘扬中华优秀传统文化主要不能靠外在的强制灌输，因此一方面是内容快乐化，尽量做到"悦读"，寓教于乐；另一方面，充分利用现代传播媒介，触发学生兴趣。对于断裂百年的文化来说，"补课"不易，要有耐心，多做工作，不要一强调就跟考试挂钩。特别是针对国学的诵读增加后，考试不应仅以文言文字词解释等传统形式考查，还应关注考生如何消化吸收传统文化中的营养，应关注学生语言学习的情感等。

第三件事，专心研究，开发传统文化课程。

开发课程不只是教授学者的事，也是语文老师谋求专业发展的手段。这就需要我们老师增强课程意识。所谓课程意识，指对课程的敏感程度，它蕴涵着对课程理论的自我建构意识、课程资源的开发意识等。课程意识意味着"教师即课程"，教师是课程的构建者、课程的生成者。所以，提"课程意识"，就是提倡老师创造性地教学。显然，中华传统文化是一个富矿，可以挖掘、开发的课程甚多。如这几年我们着力推进的二十四节气读写课程，为学生亲近中华传统文化提供了良好的契机与舞台。"作文连接着健康的生命"（余秋雨语），学生在充满生机与活力的写作课程学习中，更容易感受传统文化的魅力，更能获取中华传统文化博大的人文底蕴和自强不息的民族精神。限于篇幅，这里就不再赘述了。

读者诸君大概已经感觉到了，三件事，小标题都用了"心"字。别无他意，只是期盼对待传统文化，大家都要用心，在心灵上靠近，在心灵上汲取；同样，也要用心灵打动心灵，让语文教育在与传统文化的融合中变得更加丰实与美好。

2015 年 4 月

拓展阅读

张一山、孙优：《传统文化：语文学科的根与魂》
余秋雨：《中华文明的三个优点》

为中学输送合格毕业生

5月9日，我们在西外外国语学校举行中小学教学衔接研讨活动，一起聆听了小学、初中的两节语文课。之后，大家又评课交流。研训部副主任、语文特级教师陈赣做了专题发言，就中小学语文教学衔接工作提出了"不同学段有不同的要求""根据学生认知特点改善教学""不同学段应有不同的教学风格"等要求。

活动中，王淼老师的一堂《母校》显得不拘一格、与众不同。现场交流时，我特意请中学老师发表看法，他们无一例外地表示，中学欢迎这样的小学生。

在王老师的语文课上，我们看到了怎样的小学毕业生呢？

我们看到了潜心读书的孩子。整堂语文课，就是学生在读书，在交流。老师基本没提什么问题，就是出示一份表格，让学生选择一处场景细读，体会作者心中的情感。35分钟的课，学生边读边写，读得很专注；读完后，根据文路，踊跃交流。这场景真应了语文名师孙双金老师的那几句话：小手高举，小嘴常开，小脸通红。

写到这里，想起了2011年12月，我们松江区就作文教学进行的"学段贯通，系统育人"教学研讨活动。三堂作文课分别由小学、初中、高中的三位骨干教师执教。虽然习作内容不同，知识技能要求也迥异，但都在探索如何提升学生的语文素养，怎样培养学生的健全人格，以进一步实现语文学科的育人价值。课后，小学、初中、高中三个学段分别进行了主题为"有兴趣，说真话""有体验，抒真情""有思想，做真人"的论坛交流活动。那次活动，贾志敏老师也莅临指导，对我们的作文教改探索作了充分肯定。

说这两件事，是想跟诸位交流，中小学语文本是一体。教小学的，要时常考虑中学需要什么样的学生；中学老师呢，也要想到小学。彼此沟通，心心相印，语文教学才好办。

为中学输送语文素养合格的小学毕业生，让每一个学生都在人生路上走得更远，当是我们小学语文教师的追求。让我们为此不懈努力，并且一起思考两个问题——

第一个问题：小学语文能不能更加"打开"？

教小学，想到中学；教孩子几年，想孩子几十年。

这在今天看来，无疑是务虚。务虚要不要？

小学只是孩子学习生活的一个阶段，前面有幼儿园，他们在那里诵读了多少古诗，唱会了多少歌曲？

小学只是孩子人生比较靠前的一段旅程，之后有中学，有大学，还有更长的路程。他们要到知识的海洋遨游，要在人生的舞台上经历各种各样的考验与磨砺。

所以，小学语文须更加"打开"。门开了，视域开阔了，你才能看清孩子已经有什么，他们将来要做什么。唯有在这样的天地里，我们才能看清自己可以做什么，怎么做对孩子更好。

所以说，"务虚"其实是回到语文教学的原点，回到生活的常识，回到"为什么教"的哲学命题。这是我们的态度与情怀，也是驱动语文教学工作的杠杆。

我想，每一天跟孩子在一起，忙着上课、批改作业，我们似乎也的确没有闲暇去思考 5 年后学生毕业时能够带走什么。但是，你有空的时候，一定要想想，当孩子把作业忘了，甚至把小学忘了，我们语文还能留给他点什么？

这种"打开"，还可以从语文教学的高度来认识。

海德格尔说：语言是存在的家园。

任何一种语言的背后，是一个民族共同的认知与思维的方式。"读书就意味着和别人一起进行思维，剖析别人的思想，剖析与自己雷同或对立的思想。"[1]法国文学家法格这样说。

史蒂芬·平克说："一个说英文的人很可能用一个类似英语但是已经简化的英语形态在思考；一个阿帕契人也用一个简化的、像阿帕契语言的方式在思考。"[2]一个人总是用母语在思考。"母语"不是"一种"语言，而是"母"语。只有母语直接与人的思维图式和精神图式紧紧联系在一起。这是个体的民族的"族"的存在标志，也是个体作为人类的"类"的存在标志。

所以，小学语文教学会帮助一个人找到自己的精神家园。

浦东教育发展研究院院长程红兵先生说："有多大的眼界决定了人有多大的作为，教师的眼界不但决定了教师有多大的作为，而且决定了学生今天以及未来有多大的作为。"

这话很宏大，但又很实在。

第二个问题：小学语文能不能更加"有用"？

"人人都想拯救世界，却没有人帮妈妈洗碗。"这是台湾大学校长李嗣涔说的。

小学语文要"有用"，对学习有用，对生活有用，对做人有用。不但今天有用，而且今后还依然有用。

显然，"有用"是一种务实。今天谈"务实"，一定不全是务"考试"之实，不全是务"一课一练"之实。

务实，须站在未来的高度，站在有利于人发展的高台。就小学来说，语文包含三个层面的东西：一是语音、文字、词汇和语法等，这是最表层的知识的东西；二是语言的技巧，包括阅读、修辞、章法等，是技能的东西；三是思维图式和精神图式。

---

[1] 转引自卿佳康《阅读与阅读艺术》，知识出版社1991年版，第20页。

[2] 史蒂芬·平克《语言本能》，洪兰译，汕头大学出版社2004年版，第80页。

按照这样的认识，我们认为一个语文素养合格的小学生，至少要做到以下几点：

说一口流利的普通话。这是语文教师现在做得最好的一点，但一些学校一些班级做得做得仍不够。

写一手漂亮的汉字。漂亮者，工整，看着舒服。到了高年级，要逐步做到有一定的速度，以适应快节奏高要求的中学学习生活。

写一篇文通句顺有内容的作文。凡为文，无论记事还是写虚，皆是学生真的见闻与感想。

背一定量的诗歌与经典类文章。语文要学习的是民族和人类共有的思维图式和精神图式，因此，不但要背诵唐诗宋词、现当代散文等，也要在小学阶段背诵全世界的好东西。哲学家费尔巴哈说人是他自己食物的产物。的确，吃什么，你就会成为什么。同样，你读什么，你也就会成为什么。

如果说上面四点都是看得见摸得着，是可以检测的，宛如露出海面的冰山。那么，冰山之下，还有非常重要的东西，这些东西，因为"内隐"而容易被忽视。

一是兴趣。当务之急是，要考虑过重的作业负担对孩子兴趣的负面影响，特别要减少字词句段孤立的机械训练，以呵护、维持乃至激发学生的兴趣。同时，要早日带学生步入儿童文学的世界，走进一本本科技、人文好书，在运用语文中让兴趣之火熊熊燃烧。

二是思维。之前说过高层次思维。这次强调要引导学生在学习活动中思考。教师讲授和示范、学生听讲和操练的教学模式必须改进，能不能每学一篇课文，每写一篇习作，学生都能带着问题，多一点探索和建构？知识是我们有效理解真实世界和解决问题的工具和方法，让学生在思考中建构知识，完善自己的认知结构，而不是简单地接受和一味地记忆。学生通过探究真实世界、解决实际问题来建构理解世界的观点，发展语言文字运用能力，而不是以记诵知识、程序来代替对于真实世界和生活的理解与探索。

好了，这封信写得够长。回忆中，无论小学还是中学，对我的语文学习都有重要的影响与情感的激励，使我如今尚能做一名语文教师。所以，小学语文是可以让人走得更远，活得更好的。

怀特海说过："当一个人把在学校学到的知识忘掉，剩下的就是教育。"

那么，请用语文，多给孩子留下有用的东西吧！

2013 年 5 月

拓展阅读

吴非：《教育要对民族的未来负责》
《新教育国际论坛〈宁波宣言〉》

我们每个人都在创造

上个月，我们在民乐学校"蹲点调研"。该校是上海市首批教师专业发展学校。我听了一到三年级13位老师的课，发现同一个教案，老师们上出来没有一样的，各有各的方法，各有各的效果。

最近，我们参加了华师大课程与教学研究所组织的"教研员高级研修班"学习，其中有一项作业是设计"课堂观察记录工具"，大家感到颇有难度。郑艳老师跟我说起名师指导团在九亭三小活动时，学校里的老师能自己设计听评课记录表。我很感兴趣。这里选一位老师的活动后记（部分）与大家分享：

上课铃响了，我带着这张自己设计的课堂观察量表来到课堂中，根据表内设计的内容来关注课堂上老师"写字姿势指导"的实施及孩子们的参与度。课后，我们对张老师的课进行了分析与探讨。首先，由我介绍量表的设计意图，接着进行分析。根据观察量表所显示的数据，张老师指导书写了"下""花"两个生字。在学生动笔写字前，张老师都有统一的写字姿势口令及儿歌指导。第一次写"下"时，全班有6人姿势不正确。而第二次写"花"，同样进行口令指导后，全班写字不正确的人数增加到了12人。写字过程中，张老师口头提醒同学姿势错误1次，对学生个别姿势的把笔纠正没有，对学生写字姿势的评价也没有。通过这些数据，我感到，张老师课前的困惑是和她的实施密切相关的。学生虽然有口令和儿歌的指导，但大多数学生是小和尚念经——有口无心，念归念，做归做，收效不大。学生在写字过程中，老师有巡视，但对于姿势不正确的只在旁边做了口头提醒，关注的面不够广，也许那些姿势错误的学生根本还不理解怎样的姿势是正确的，如果老师有一个示范或者握着学生的手进行把笔，学生体验到了正确的姿势，慢慢地就能改正过来。值得重视的是，为什么同样是儿歌和口令指导，第二次的效果反而比第一次差了？量表记录显示，张老师在整堂课中对学生的读写姿势没有进行任何评价，当课程进行到一半的时候，学生已累了，对读写姿势有了懈怠，老师没有及时评价、鼓励，而是一味地喊口令，起到的作用必定是微不足道的。

之所以讲述这个故事，是我从这样平常的小事感到，我们每个老师都在创造！

大约在 12 年前，新课改伊始，有感于一线教师被专家、领导等过度指导，遂写下一篇文章，呼吁每一位站在讲台的教师都这样告诉世界："这就是我的课，也许有不足，有缺憾，有问题，但所有的语言都发自我心灵深处，一切的策略都源自我的大脑。我们的教学应该因为教师灵魂的千差万别而呈现万紫千红的色彩。这才是中国教育的春天！这才是我们教师的春天！"[1]

如今再提这个话题，教育的外部与内部环境都发生了巨变。国家更加繁荣，社会更加文明，人民群众对教育的需求更加全面……归结为一句话：我们语文老师需要更专业。

职业，一学就会，职业的标准是合格，制造合格的产品就是目的。

专业，一学不会，专业标准只有更好，没有最好。

因此，专业是需要情怀与境界的，是需要理想与追求的，当然也需要方法与技艺。在做事的层面上做学问，在做事与做学问中做一个完美的人。

因此，做一个好的语文老师，就要不断地创新。你培养的学生在今天享受时代的赋予，明天就要主动适应时代，后天就应引领时代、造福社会。

一个能创造的语文老师，应该有系列的语文教学主张。

语文教学主张是教师的"思想力"要素之一，主要包括为什么教、教什么、怎么教。简单地说，就是你对语文教学的看法与观点。毫无疑问，

---

[1] 谈永康《还教师以自己的灵魂》，《教育参考》2003 年第 1 期。

形成自己的教学主张，需在实践中不断摸索以丰富，不断提炼以厘清。

我提出"语文，为儿童的精神成长奠基"的观点，教学生语文，既要适度学知识、做作业、拿理想分数，更要关注孩子情感发展、人格完善，过一种充实的、新鲜的、创造的语文生活。其抓手有二：一是教语文知识、技能、策略的同时，自然、恰当、充分地发挥课文的育人作用；二是用正确的方式（主要是悟中学）发展学生的情感态度价值观。这话也许有点大，但思想是行动的指南，任何一堂课，乃至一个事件的处理，背后都隐含着你的教学主张。

一位老师教《小读者》，主要解决两个问题：一是"我"的心情变化；二是小读者是个怎样的人。课后我征询设计意图，老师认为自己的学生在理解小读者认真负责上有难度。这个老师真是很认真，也是很负责。我追问："你能不能去一个没有学过这篇课文的班级做个小调查，让孩子读几遍课文，然后让每个孩子都用一个或几个词来说说自己眼中的'小读者'，看看孩子能不能读到'认真'，读到'负责'？"

写到这里，我就想起了贾志敏老师的话，我们的语文老师教得很辛苦，可是徒劳无功。我们可以用《小读者》这个例子来教三年级学生怎么读懂一段话，也可以用它来教学生如何写一段话，可是我们没有这样做，却在不需要语文来完成的"理解认真负责"上大动干戈、大伤脑筋，有必要吗？

一个数学、英语老师很少教错，而一个语文老师很可能一辈子都在"教对"上有问题，这是很遗憾的。

一个能创造的语文老师，应该有自己的教学方法体系。

这一年里，我听了较多的一到三年级的语文课，很高兴其中不少语文课都很有语文味，但有个现象令人担忧：一教课文，低年级的课堂就向高年级语文课靠拢了。除了教学内容的偏差外，其教学方法基本是问读，而且是逐段问读。大家都清楚，我们要用课文完成四大语文素养目标，语文知识应当用"记中学"的方式，语文技能与策略应该用"做中学"的方式，而情感态度则用"悟中学"的方法。基于此，大家应"八仙过海，各显神通"，选择合适的手段、方式进行教学。

同样学习字词，这次在民乐我看到，有的老师目标是读对字音，会写字形，这是记忆层面的学习。有的老师是依靠学生预习，课上主要是交流，我特别欣赏的是交流完了，教师还追问"你用的是什么方法"。印象特别深的是一位老师教"辉"，在交流用什么部首查字典时，学生有说"光"部的，也有说"军"部的，老师没有肯定也没有否定，而是让学生动手查，结果学生都查不到。又有人说查第一笔"点"，试了一下还是不行。这时有学生说可以查"小"部，一查就行；又有人说可以查"车"部，也行。老师这样教，目的不单是识记音形义，而是教语文技能与策略。所以，她要学生去实践，在不断地"试误"过程中，发展技能，丰富策略。

识字写字如此，阅读、写话、习作也是如此，需要老师有自己的方法和做法。不管什么方法，只要学生学会了、会学了，就是好方法。教师的方法体系，本质上是独特的，是发展的，因而会随着时间的推移变得更加丰富、完善。

一个能创造的语文老师，还应该有一点人生境界。

2月27日，我们爱戴的贾志敏老师术后一周就走上讲台，为《小学语文教师》"作文新体系进校园"第一站活动执教示范课。他说，那么多老师等着参加这次活动，后面还有第二站、第三站活动，不能因为我而让他们失望，让活动受到影响。

现场有人说，贾老师爱语文；也有人说，贾老师的作文课炉火纯青，值得推广；还有人说，要学习贾老师的教学艺术，更要学习贾老师的情怀与境界。

我很赞成。创造的活水源头，就在师者深藏的"爱"里，就在师者精益求精的探索里，就在师者不拘人生困苦的忘我里。

母语是一个民族文化的根基，是每个人心中的精神花园，我们不一定要让每个儿童都出口成章、下笔成文，但是一定要激起他们对母语的崇敬感与炽热的情怀。而这种情感，教师自身先要具备。我们应该像郑板桥笔下的竹子，不管什么环境，也不管吹什么风，都要"咬定青山不放松"——坚持自己的专业信念，也要"千磨万击还坚劲"——扛得住各种错误思潮与做法的冲击与侵蚀。至少，我们要在自己的班级，在能力所及的范围内，把语文教对，然后教得好一些，再好一些。

语文教学的道路，布满了荆棘与鲜花，写满了牺牲与光荣，当你把自己从事的这份普通工作与民族、国家的命运联系起来，你就会有无穷的力量。做一个语文老师，其实可以有很多的担当，可以有很多的创造。

我们不能改变世界，那么，就改变自己，至少可以走自己的路。小环境是自己争取的，小气候是自己打造的，而这"小环境"不小，"小气候"也不小，因为对你的任何一个学生来说，你的课堂就是他所能感受的语文世界的全部。

2014 年 3 月

拓展阅读

谈永康：《让教师拥有鲜活的"教学灵魂"》
刘良华：《学做有教学智慧的老师》《学做有管理智慧的老师》

阅读课堂改进

路在何方：阅读教学的价值与变革

——学习于漪老师教学思想心得体会

去年参加一次大型语文教学研究活动，碰到认识已久的一位名师。聊起阅读教学，这位名师坦言自己最不愿意做评委，因为听到的阅读课大同小异。他说的这类课，都以课文讲读为基本活动模式，以课文内容与知识传授为基本内容。

就在这个月的海南，马云给乡村教师讲演，开篇就是问我们老师为什么不改变，他的原话是这样的："很多老师可能教了一辈子数学或者语文，但他可能的案例，他的课也是一辈子没有改过，这其实是挺大的遗憾。"[1]

大家都知道，阅读教学在语文教学中处于基础和核心地位，它所占课时最多，所花精力最大，所承担的任务最重，所要解决的问题也是最根本的问题。在一定程度上，可以说阅读教学是决定语文教学质量的关键。这几年我们在作文教学上做了一点研究，大家有了一点心得，也更希望在阅读教学上有所突破……

就是在这样的困惑、困顿、困难里，我阅读着于漪老师的书。我试着从阅读教学的角度去思考所学、所得。

一、阅读教学要追求综合效应

阅读教学的价值在哪里？于老师一言概之："教文育人，追求阅读教学的综合效应。"当前学科教学，德与智分裂现象严重，工具理性表现突出，

---

[1]　新华网：《马云：文化是玩出来的，但中国孩子玩得太少》，http://www.sh.xinhuanet.com/2016-01/27/c_135048721.htm

教育价值淡化或消失，用于老师的话来说，这是"失魂落魄"。《义务教育语文课程标准（2011年版）》中提出："阅读是运用语言文字获取信息、认识世界、发展思维、获得审美体验的重要途径。"这与于老师的教学思想完全一致。

因此，我们教一篇文章，首先要想到对学生学习、成长有什么好处。我们一直在思考、研究的"课文教什么，怎么教"，都取决于我们对"人"的思考，取决于你希望自己的学生成为怎样的人。还是于老师说得好，"好的阅读，取意于精神，落脚于语言"。

怎么理解"综合效应"？于老师说"语言承载情和意"，"阅读是人生的伴侣"，具体到一篇课文，教材是精美的范例，课文有个性，有唤起兴趣的激发力，有激发学生思考的内驱力。我们的阅读教学须融知识技能、能力培养、智力发展与思想情操陶冶于一炉。

追求"综合效应"的基本途径是什么？我学习后的体会是坚持"文道结合"的原则。也就是把握文与道、辞与意的辩证关系，用于老师的话说是："文章的精髓离不开词句篇章的表达，教学中如离开词句篇章的表达，文章精髓就失去光泽，失去育人的魅力；分析推敲词句篇章，如不充分阐发它们所表达的情和意，当然也就显示不出语言文字的精到之处。只有缘文释道，因道解文，二者结合，才能把语言文字教'活'。"以此来看，我们特别要避免课堂教学中的种种"单打一"现象，如要突出人文教育，就在课末来一个"总结提升"或"拓展教育"，再如为了高阶思维引导学生提问，而教学内容基本与学生提问无关……

二、阅读教学要发展学生的阅读能力

于老师认为，阅读教学是以培养学生阅读能力为归宿，以思维和语言训练为核心，以包括课外阅读在内的丰富的阅读活动为基本内容的。

提升学生的阅读能力，是阅读教学的本意。对此，我们还要不断提升认识。因为提高阅读能力是一个复杂的系统工程，涉及整个教学过程的方方面面，其中课堂教学只是一个环节，这个环节再成功也不足以抵消其他环节的损耗；这个环节虽然不如人意，但如果其他环节处理得较好，又多少可以弥补，这就极容易使人产生错误的归因。

如何提升学生阅读能力，于老师认为，教师首先应对课标、教材深入钻研，洞悉各类课文的个性，准确把握教材的重点和难点，然后依据知识的难易程度和学生能力水平，剪裁教材内容，巧妙安排学习活动。此时教师须有"取舍"意识，于老师在《理想课堂》中明确指出："明确各个学段、各个学年的任务，拾级而上，前后照应。而我们的现状是零打碎敲，进行的是碎片化的教学，教师看到这篇文章有什么内容，就教什么内容，其实，这篇文章含有的一些内容并不需要现在就教。"

提升阅读能力的关键在于处理教材。于老师十分重视两个策略：一是"选择"，二是"转换"。所谓"选择"就是对课文进行筛选，精选几个可以辐射到面上的点，取点成面。"教学要点拎准了，就可以大胆删剪旁枝繁叶，使教学上的重点显露突出。"所谓"转换"就是把筛选出来的教学素材转化成一个知识发生的过程和思维展开的层次。因此，我们须反复琢磨教学目标，力求科学、精准，同时精心设计阅读活动，力求精要、完整，让学生明白方向，学有过程，切切实实提高自己的阅读能力。

三、阅读教学要发展学生的思维能力

"真正的学校应当是一个积极思考的王国"，于老师向来重视思维训练，她在多篇文章里强调，"教师在对学生进行语言训练的同时，必须大力发展学生思维的能力"，"思维训练和语言训练应放在同等重要的位置"。于老师还提出："教学过程实质上就是教师在课程标准指导下有目的有意识地使学生生疑、质疑、解疑，再生疑、再质疑、再解疑……的过程。"

语言是思维的外壳，有语言训练就有思维的跟进。今日多数小学语文课堂，有朗读，有说话，甚至有提问，但普遍问题是说不完整，问不真切，根子或许在我们对学生的思维缺乏研究，对思维训练缺乏系统把握。如何在语言学习中推进思维训练，于老师认为"要杜绝包办代替，也要杜绝旁观放羊"。

我的理解之一是要真问，学生能在课堂上思维起来，而不是跟着老师找答案，去重复、记忆同学的已有发现。古人讲："学贵有疑，小疑则小进，大疑则大进。"没有疑问怎么有进步？阅读教学必须创设氛围，在于老师的语文课上，学生随时会发问，迸发思维的火光。

我的理解之二是鼓励学生独立思考，与同学思维碰撞，思想交流。学生在阅读课上，眼看、耳听、口读、手写都要用心想，培养习惯，养成能力。

四、阅读教学要成为生命涌动的课堂

于老师说，课堂教学是教师的生命涌动激发学生的生命涌动。当我们蹲下身来看小学生，会发现每一个孩子都是创造之人，每一堂语文课都是创造之时。于老师认为关键是课堂教学结构要网络化，"我们现在的课堂教学应面向每一个学生，教师的教要作用于每一个学生，每一个学生的状况要反馈给教师。学生之间也要互相切磋、互相作用"，"课堂上，教师是发光体，在教师的组织引领下，每个学生都可能成为发光体，作用到其他人的身上，进而实现教学相长"。教、学和谐互动，在语言交流、思想碰撞中获得求知的快乐。

于老师提出的"网络化"课堂，其实就是充分激活学生主体性、创造性的课堂，是以学为本的课堂。如果我们每一位老师都用心构建学习课堂，精心设计学习活动，使得活动成为打开思维门扉的钥匙、探索新知的途径、学会学习的范例，那么，学生的读书、思考、表达，每一个都可能成为课堂上的"发光体"。特别是学生在阅读中会有自己独特的发现与体会，学生在表达中会有自己的观点与思想。这时候，他们说出的每一句话、写出的每一个片段，都因为精彩的观念而有了灵魂。苏霍姆林斯基所说的境界就几近达到了，"让学生把你所教的学科看作最感兴趣的学科，让尽量多的学生像向往幸福一样幻想着在你所教的这门学科领域里有所创造，做到这一点是你应当引以为荣的事"。

在于老师看来，课堂就是老师用生命在歌唱。她总是期望语文教师在教学中创造精彩，让学生感受到学习语文有吸引力，有感染力。人的

情感总是在一定情境中产生的，中小学生的情感尤其容易在一定的情境中产生。要学生真正把书读到心里去，让他们的思想感情和文中人物的思想感情融为一体，与作者的喜怒哀乐发生共鸣，达到全面育人目的，教师应创设与文本内容相对应的情境，使学生有如身历其境，耳濡目染，受到熏陶。于老师提倡语文教师要有激情，准确把握教材的特点，在教学中传之以情，并且善于以情激情，拨动学生的心弦，深入学生的情感世界，使他们主动地学，积极地学，受到语言文字的感染、高尚情操的熏陶。

五、阅读教学要与课外融为一体

于老师认为，要真正学好语文，必须立足于社会的广阔天地才行。课内外结合起来互为补充，有利于培养学生的各种能力，当然也包括阅读能力。

如何开阔视野，将课内学习引向课外？于老师有很好的做法，她认为首先要积极热心地引导学生广泛阅读，培养他们读书的兴趣，精读、博览相结合。其次要创造种种条件引导学生阅读。如有计划有目的地推荐作品，激发学生阅读兴趣；或课内延伸到课外，选与课文有关的作品对比阅读、扩展阅读，如学老舍的《小麻雀》，就向学生推荐屠格涅夫的《麻雀》进行对比阅读，再推荐屠格涅夫的《门槛》作为扩展阅读；或组织学生开展练口活动，在训练口头表达能力的活动中介绍自己阅读的好作品，达到互相推荐、彼此交流的目的。于老师还经常向学生推荐名家名作，截取部分精彩段落朗读或解说，还不失时机地推荐新出版的佳作。于老师还利用早读时间带领学生读诗，每次一二十分钟，读读背背讲讲，一日不多，十日许多，涓涓诗歌，渗入心田，学生的思想情操与语言修养都得到有益的熏陶。

当然，于老师还组织参观等各种课外活动，丰富学生的课外生活，开拓语文学习的天地。

于老师的阅读教学思想与艺术如山如海，阅读、吸收，可以引导我们深入认识阅读教学本质，提升阅读教学质量，推动阅读教学研究。记不得是哪位名家说了，"有品位的学术研究会让人每天都置身于幸福的焦虑和智慧的痛苦之中"。如果你去学习于老师，去读读凝聚着于老师思想光辉与实践光华的著作，你一定会有这样的冲动与感受。

2016 年 1 月

拓展阅读

于漪：《语文教学谈艺录》

全国中语会青年教师研究中心编：《于漪语文教育艺术研究》

真正把课文教好

刚刚过去的 11 月，我们在三新学校举行了"一课两教，提升语言素养"专题研讨活动。陈宏、张凤珍两位老师分别执教《母鸡》第一、第二课时，对如何教"经典"类课文做了可贵的尝试与探索。

《现代汉语词典》这样定义"经典"："传统的具有权威性的著作。"我们所说的"经典"，是就阅读教学而言，是指教材中较有权威性的文章。大家耳熟能详的《养花》《桂林山水》等便是。经典类课文教学的重要性自不必言。小说《最后一课》的主人公韩麦尔先生说："亡了国当了奴隶的人民，只要牢牢记住他们的语言，就好像拿着一把打开监狱大门的钥匙。"准确地讲，经典才是健康成长、人之为人，繁荣发展、国之为国的金钥匙。

朱自清先生也有"经典训练"一说。他认为"经典训练应该是一个必要的项目。经典训练的价值不在实用，而在文化""这是古典的训练，文化的教育。一个受教育的中国人，至少必得经过古典的训练，才成其为受教育的中国人"[1]。

可以说，经典本身就是语文课程内容。用这样的标准去审视教材，可列入"经典"的课文在小学阶段不多，大致可以分成两类：一类是千古传诵的古诗文，《义务教育语文课程标准（2011 年版）》就小学段推荐的75 篇古诗文即是；第二类是文质兼美的现当代文章。发挥经典类课文的教学功能，重要的是明确其教学内容，与语文课程的性质相呼应。经典类课文的教学内容包括两个方面：

---

[1]　蔡富清编选《朱自清选集》第二卷，河北教育出版社，1989 年，第 3 页。

一是人文素养内容。诗歌包含的诗人的情感，名篇蕴含的思想的精华，是本民族精神与文化的精华，也是全人类的财富。教育的传承价值即体现在此。就某一经典课文而言，这方面的人文素养内容是明确的，放之四海皆准的，就像施蛰存先生说的那样："要有一个基本教材，由教育部组织全国最有权威的学者来编。"[1] 学生要把握的，是权威学者、教授对该作品的权威解说。

二是语文素养内容。经典课文要教语文知识，要教听说读写书（写字），也要教一些学习策略。

总之，经典类课文须言意兼得。这种课文，其实就是用课文教语文，教做人，语言的理解、运用是跟文学（文化）、审美、人格的教育水乳交融、相辅相成的。教师要为学生打下语文和精神的底子，两手都要抓，两手都要硬。

不同文体的经典类课文（课标在高段提及的文体包括了诗歌、叙事性作品和说明性文章），其具体的教学内容应依据文本自身特点以及课标相关年段要求来确定。笔者提出因"材"施教原则，以下谨列出不同文体经典类课文的教学内容，欢迎您讨论。

古诗文教学内容：

1. 人文性内容：体会、把握诗人的情感或哲思；背诵诗歌。

2. 工具性内容：（1）了解诗人及其作品；（2）有感情地朗读诗歌，想象诗歌描述的情境，体会作品的情感；（3）大体把握诗意；（4）获得学习古诗的方法、策略（阅读）。其中第（4）点，古诗阅读方法、策略，应根据诗歌的材质与特点，合理选择某一方面的教学内容。

叙事性作品教学内容：

1. 人文性内容：把握文章主旨；复述或概述文章内容。

2. 工具性内容：

（1）认读能力：正确、流利、有感情地朗读课文；根据要求背诵全部或部分语段。（2）理解能力：低段重点理解字词句；中段要抓住关键词、句、

[1]　施蛰存、王丽《语文教育一定要改》，载王丽编《中国语文教育忧思录》，教育科学出版社，1998年，第88页。

段把握文章的主要内容，体会其表情达意的作用，把握文章的主旨，初步感受作品中生动的形象和优美的语言；高段要在阅读中了解文章的表达顺序，初步领悟文章的基本表达方法。（3）评价能力：低段对感兴趣的人物和事件有自己的感受和想法，并乐于与人交流；中段要关心作品中人物的命运和喜怒哀乐，与他人交流自己的阅读感受；高段能简单描述自己印象最深的场景、人物、细节，说出自己的喜爱、憎恶、崇敬、向往、同情等感受。（4）迁移能力：阅读方法、策略的学习或表达方式的学习，或解决某一实际问题。其中第(4)点，应根据叙事性作品的材质与特点，合理选择某一方面的教学内容。

说明性文章教学内容：

1. 人文性内容：把握写作目的；复述或概述文章内容。

2. 工具性内容：

（1）认读能力：正确、流利、有感情地朗读课文；根据要求背诵全部或部分语段。（2）理解能力：低年级初步理解字词句，了解文章内容；中年级抓住重要词句把握文章的主要内容，初步感受作品中事物的特点和准确的语言；高年级能抓住要点，了解文章的基本说明方法。（3）评价能力：对说明的人物、事物有自己的感受和想法，并乐于与人交流。（4）迁移能力：阅读方法、策略的学习或表达方式的学习，或解决某一实际问题。其中第（4）点，应根据说明性文章材质与特点，合理选择某一方面的教学内容。

海德格尔说：语言是"存在的家园"。经典类课文，就是我们每一个中国人精神与文化的家园。为了在全球化进程中不迷失"自己的家"，我们应该教好每一篇经典课文，让它们化为学生的血肉与精魂。对此，我们责无旁贷。

2012 年 12 月

拓展阅读

李海林：《如何构建一个可用的阅读教学内容体系？》
王荣生：《关于"语文教学内容"问题的思考》

能多背时且多背

最近网上流行一段雷人的"三五三十五"视频。一个幼儿园小朋友坐在小板凳上背数学"九九表"。小女孩很可爱，背口诀很可恶，每每背到"三五十五"，小女孩就背成"三五三十五"。"三五明明是十五嘛，怎么这么笨，背十遍！"一旁的母亲开始教育。小姑娘因为"三五一十五"这句话背不出来，急得泪流满面，大喊"三五太难"。

九九表，是中国传统教育留下来的好东西，对学习数学很有用，于是就受重视。现在的数学教材一般安排二年级小学生熟背九九表。据我观察，小学生背九九表并不难。"三五三十五"这段视频中的母亲想孩子"不输在起跑线上"，就让幼儿死记硬背，实在是超出了孩子的年龄特征与能力范围。

写到这里，又想起诺贝尔奖获得者杨振宁的故事。杨教授孩提时代背诵古诗文，当时不求甚解，也苦不堪言。然而几十年后，杨教授两鬓斑白，身为物理学大师，却念念不忘小时候的这段苦背经历——"初一时父亲决定给我补习，但不是补习代数、三角，而是给我补习《孟子》，每天念两个多小时。现在想来，这对我的一生有决定性的影响"[1]。

在外人看来，杨教授成为大师，恐怕与背《孟子》等没啥关系，然而，杨教授却说有"决定性的影响"。可见，当时背诵好似不人性，然后岁月证明这样的年龄正好背诵，正好用于今后的学习与人生。所以，有价值的就该背诵，不背才是永远的遗憾。

---

[1] 宋全政《"我做起实验来笨手笨脚的"》，《中国教育报》2004 年 11 月 18 日。

故事讲完了，我写本文的目的大家想必已了然于心。当背诵时就多背，能背诵时就多背，这一个观点相信大家没有什么异议。背诵之于语文学习的重要性，无论怎么估计都不为过。传统语文教学，最基本、最主要也最有效的方法就是背诵。背诵的价值，用心理学的话来说，就是接受一个个精神的、文化的、语言的图式。背的多了，积累的图式就多，学生的语言表达就如有神助、左右逢源。这一点，我在《为中学输送合格毕业生》一文中提及过，当时我们提出一个人要提高语文素养，就得背一定数量的诗歌与经典类文章。背诵，要背诵唐诗宋词、现当代散文等，也要在小学阶段，背诵全世界的好东西。

大家思想上都重视背诵，但还没有把背诵摆上应有的地位，背诵教学也有欠精细。我们需要进一步思考有关背诵的几个问题：

问题一：今日学生要背什么？

很多人会说，这不是问题，学生要背什么，教材全都规定了。

不错，教的、考的一般都不会离开教材。如果我们对现行的语文教材做一个统计，要求背诵的文字大概包括了：古诗文、儿童文学、现代文以及名人名言等。请再思考，教材选择这些作为背诵材料，出于何种考虑？

1. 富有价值，值得背诵。古诗等较为经典，其他文本一般都文质兼美。这些大多是语言的精华，更是我们心灵的家园、文化的故乡。因此，背诵是"文化化人"的过程。

2. 朗朗上口，易于背诵。大家可以发现，除了名言外，古诗、现代文等文本在语言上都较为精美，一般都讲究节奏，甚至押韵，读起来顺口，背起来方便。

如果从语言的不同层次来看，古诗等属于经典语言，为语言学习与人格发育打下底子。而较为优秀的课文、儿歌等当属目标语言，与学生的语言发展水平有一定差距，但是可以给学生提供"好语言"的标准，学生经过若干年的读书、写作后，可以达到这样的语言水平。

从这两个标准来看，如果能力允许、时间允许，而且学生愿意，那么，语文老师可以在自己班级开展特色背诵，如从《论语》等文化经典中摘取一定数量的语段，引导学生熟读成诵。我们松江区，也的确有一些老师在进行此类语言学习活动，如实小赵小玲老师、三实小朱骋老师等。她们值得我们敬重与学习。

　　问题二：怎么指导背诵才好？

　　背有价值的东西固然应该，然而我们面对的是孩子，有时需要提高他们背诵的兴趣，有时需要提升他们背诵的效率……

　　1. 遵循规律。反对机械诵读，要按照语言学习的规律来指导学生背诵。背诵的段落、篇章，教师应带着孩子充分朗读，适当感悟，再熟读、内化，这样就能事半功倍，以一当十。

　　2. 创设氛围。利用班级环境布置，发动一切可以利用的力量（如班集体、家长），营造利于背诵的大小环境。

　　3. 适当帮助。在学生背诵时提供及时的帮助，比如对较长的文本寻找和建立记忆的"支撑点"，这个点可以是一个词、一段话等。再如理清文本思路、增加记忆条理性等。同时教一点背书的方法，如克服记忆难点法、采取尝试回忆法等等。

　　4. 不"一刀切"。名言、课文背诵不要求一字不落、一字不错。对有些孩子，特别是背诵有困难的少数孩子，可宽以时日，允许暂不熟背。

　　5. 做好示范。榜样的力量是无穷的，凡是要求学生做到的，一定要自己先做到。我曾跟随贾志敏老师学习，发现几乎所有的课文，他都能熟背，连篇幅很长的《我的伯父鲁迅先生》也能倒背如流。贾老师说背书别无他法，喜欢了，多接触就行。

　　问题三：学生背好了怎么办？

　　学生学习语文，能背诵不是终点，有几个关系需要妥善处理——

　　一是处理好短期与长期的关系。古诗文的背诵，要熟背在心，教师力求人人过关，在没有生僻难字基础上可以让学生抄录，甚至默写。这是为一生计。短期看似辛苦，但只要方法对头，学生学习亦不累。有些要求背诵的文字比较粗糙，短期学生背了，长期意义不大，就适当放宽。一切标准以不影响学生的学习兴趣为最高要求。艾宾浩斯关于记忆的研究启迪我们，遗忘有先快后慢的规律，因此，要让背诵经久不忘，需要及时复习。

二是处理好学习与考核的关系。学习的要求不一定就是考核的要求。对孩子来说，一学期要背诵的文本不少，不要随便拔高要求，如要求学生默写等。有的文本比较经典，可以用于考查，在不增加学生负担基础上建议采取选择、连线等方法进行。

三是处理好背诵与运用的关系。背诵的目的是积累语言，获得人文滋养，因此从长远角度考虑，学生背诵的，一定对表达有用，在一定的时候、一定的场合，学生可以用之于生活，用之于写作。但对此不宜做硬性要求，只要鼓励即可。这方面教师要有心为之，操作上则点到为止，如一年级语文教材上有妇女节给人写贺卡的练习，里面的范文开头就用了一个名句"谁言寸草心，报得三春晖"，可以提醒学生留心。

"腹有诗书气自华"，饱读诗书在昨天弥足珍贵，但在今天又加了一层：倍显珍稀。只要有书读，做人就幸福；只要常背书，语文就不输。

古人认为，"凡人有记性，有悟性。自十五以前，物欲未染，知识未开，则多记性，少悟性……"（清代陆世仪）所以，如果可能，你一定要你的学生少做题，多背书，你一定可以做到。

2013 年 9 月

拓展阅读

胡明扬：《背诵是学习语言的好方法》
谢平：《优秀诗文背诵推荐篇目统计与分析》

阅读教学如何起好步

　　这个学期，我们低年级语文备课组长用两个月的时间研究一件事：一年级阅读教学到底教什么，怎么教。前后共组织了四次专题活动。大家先一起学习"语文课程标准"，对搜集到的国内外一年级阅读经典课例进行研究，资料很有限，但给大家带来诸多启发。接着，特级教师贾志敏先生用第一册教材中的课文《脚印》上了一节示范课，课后还做了专题讲座。无论是课堂还是讲座，都带给我们深深的思考。之后，我们又实践跟进，学科名师顾儒枫老师执教《风姑娘来送信》，课后，陈爱君等几位老师从认读、理解、迁移等角度进行了评课。第四次活动，市教研员薛峰老师做了深入浅出的讲座，他提出"一年级老师要做一年级的事情""低年级阅读教学要抓住核心元素"等观点振聋发聩，为我们深入实践、改革创新指明了方向。

　　担任教研员3年多，还是第一次组织这样高密度的教研活动。活动期间曾碰到南京周益民老师（兼任区教研员），在交流教研活动经验时，我们一致认为，这样的活动更能吸引老师，原因有二。一是有深度，围绕"语文课程标准"，研究如何教好一年级课文，口子小，但研究深入。打一个比方，这是"深挖井"。二是有长度，前后数月，围绕一个主题，有课堂实践，有名师讲座，有专题研讨。再打一个比方，好比进入了一个磁场，既是身不由己，也是深深吸引。

　　作为组织者和牵头人，我向各位汇报自己的学习体会，抛砖引玉，期待大家深入思考与实践跟进。

一年级阅读教学教什么

《义务教育语文课程标准（2011年版）》第一学段（1～2年级）阅读教学的"学段目标与内容"有7条。这7条要求涉及知识与能力、过程与方法、情感态度与价值观，在行文上，三者相互渗透，融为一体。

在学习研讨时，我们围绕阅读能力的构成对"学段目标与内容"进行了结构化处理，设计了相关量表：

一年级阅读能力评价量表（实验稿）

要素	分解内容	优秀	合格	需努力
认读能力	疏通字词			
	读通课文			
理解能力	了解大意（要点）			
	读懂词句			
	感悟主旨			
评价能力	评说人物			
	评说课文			
迁移能力	迁移阅读方法			
	迁移课文所得			

一年级阅读过程评价量表（实验稿）

要素	分解内容	优秀	合格	需努力
阅读兴趣	喜欢阅读			
	多读好书			
阅读方法	有方法（朗读）			
	有思考			
	有疑问			
阅读习惯	背诵经典优秀的诗文			
	积累自己喜欢的词句			
	有读书看报的意识			
	每月读好书			
	与别人交流读书所得			

这里有两点说明：

一是阅读能力构成要素。我们认为，中小学生的阅读能力可以细化为四种能力：认读能力、理解能力、评价能力、迁移能力。对一年级学生来说，重点是发展认读与理解能力，评价与迁移能力的提升须适度、适切。

二是阅读教学与语文课程目标的关系。阅读教学是中小学语文主要课程形态，因此，阅读教学既要以阅读能力的培养为核心目标，又要兼顾语言学习任务。这方面的工作主要有两个：一是积累语言，一年级重在词汇与句式，也有少量的语言材料的累积；二是学习表达，主要是向课文学习用词造句等。

一年级阅读教学怎么教

内容与形式密不可分，这也表现在阅读教学中。怎么教与教什么其实是融合在一起的。因此我们在进行专题研究时，始终以课文为例，以实践为舟楫，来厘清一年级阅读能力目标，来确定一年级阅读教学内容。

一年级阅读教学，应该根据教材，从学生实际出发，做校本化（班本化）实施。从这个意义上讲，同一篇课文，在不同的班级呈现出来的教学当有同有异、万紫千红。分析贾志敏、顾儒风等优秀教师的阅读示范课，对如何教一年级课文，我们可以得到如下启示：

第一，增加切实有效的朗读指导，摒弃机械重复的"多读"。

朗读对一年级学生来说太重要了，不但能发展学生的认读能力，还能帮助学生理解、积累文本语言。因此朗读是一年级学生学习课文的主要方法。我们老师普遍重视朗读，如何避免层级不清、目的不明的"多读"，关键是指导要有效。有效的第一要诀是老师自己读好课文，就像贾老师这次教《脚印》，首先就是给学生范读，读得自然，但又有声有色。其次，要"教"在学生读不好的地方。贾老师指导的重点就落在小动物的话语上，"你看，你看，我会画竹叶"。把语气、语速、语调的指导与小动物心情的体会结合在一块，学生就读好了。再次，要重视朗读的基本方法与习惯。贾老师课前就把5个生字新词板书在黑板上，指名读词时，第一关注读的姿势，第二关注读得是否响亮，第三才关注读得是否正确。训练要严格，基本功的东西就要像贾老师这样，从一年级抓起，从细节抓起。

第二，增加基于主体的想象体验，摒弃可有可无的"声像"。

每月与语文教师书

苏霍姆林斯基说过："儿童是用色彩、形象、声音来思维的。"心理学家皮亚杰把认知发展分为四个阶段，一年级学生属于前运算阶段，此时的儿童将感知动作内化为表象，主要依据表象进行思维。

基于此，我们认为，一年级阅读教学应遵循儿童的认知规律，注重教学的直观形象，调动学生的各个感官参与到学习中来。本来，语言文字就是生活的记录，学习课文，本质上是一种"还原"，让儿童仿佛看见作者的看见，听见作者的听见，感受作者的感受……但是语文课的种种"看见""听见"与诸种"感受"，都应该通过学生直接"触摸"课文的语言文字来达成。接触的方式主要是出声朗读和静心想象。从阅读教学现状来看，还是存在过多的"声光电"手段，有些语文课已经到了一旦"断电"就不能再上的境地——现代技术手段固然是好，但不能替代学生对语言文字的反复体味与深刻感受。尤其是学生根据生活经验（也包括从电视、书籍等获得的间接经验）已经认识或能感知理解的事物，就不必用什么"声像"，而是要多凭借语言文字，通过学生主体想象，去唤醒种种记忆，这样，学生就能通过同化、顺应、平衡等活动，丰富、完善语言图式、文化图式、精神图式，从而丰富认知，理解语言，发展自我。

第三，增加有情有益的言语积累，摒弃多余琐碎的"理解"。

阅读能力的核心是理解。白话文好学易懂，一年级学生不懂的往往是一些关键的生字词，或是作者怎样用词造句。因此，教学的重点应该落在这里。从目前来看，这是做得很不够的。贾老师上《脚印》没有提课文内容上的任何问题，有的是关于字词的理解（如"齐声"是什么意思），是对语言的学习（如通过朗读"你看，我会画竹叶"与"你看，你看，我会画竹叶"这两句话，让学生试着说说有什么不同）。在学生大致把握了这两个句子表达上的不同后，贾老师就让学生运用句式说话："你看，你看，我会（   ）。"效果很好。可以说，摒弃了多余琐碎的"问答"理解，学生才有时间去积累、内化和运用语言。

一年级学生记性好，古人对此有清醒而深刻的认识："自十五岁以前，物欲未染，知识未开，多记性，少悟性……故凡所当读书，皆当自十五岁前，使之熟读。"因此，一年级阅读教学要加大诵读力度。诵读应该"有情有益"，有益是着眼文本的价值，课文或思想深刻，或语言精美，就值得一背；有情，则是着眼教学的有趣有效：背诵的指导应有教学预设，不能简单地放到课外完成，背诵内容与默写不能画等号……

第四，增加基于情境的语言学习，摒弃孤立随意的"做题"。

这一点是顺着第三点说的。低年级课堂学习要有必要的写字、组词等练习，但是要摒弃教学与作业"两张皮"现象。首先，字词句等单项训练尽量与课文学习过程融合起来，即基于课文语境学习字词、内化与运用词语与句式。其次，作业的设计必须与教学紧密联系，学生做什么，应是课文教学的巩固或延伸。"做题"是学习课文语言的必要形式，而不能可有可无，不做不可惜，做了也没啥用。再其次，"基于情境"也可以基于生活情境，借助生活经验深入理解文中某一词语的意思；创设生活情境运用词语与句式……

一年级阅读教学的几个重要问题：

一是尽早培养自学能力。每个人都是有主观能动性的，这就意味着自学能力的培养从孩子踏进小学的第一天就开始了。一年级当从字词开始自学的步伐。学会了拼音，学生基本就能识字了；识了一定量的字，学生就能自己读书了。因此，课堂上要逐步给学生自己识字、读书的时间与空间，要鼓励孩子自己学，不满足于教师教的、教材里有的，到了课外还要自己"吃饱"。

二是尽快组织课外阅读。一年级要不要阅读？一定要。一年级能不能阅读？要看是怎样的读物。阅读绘本、儿歌与散文，对每一个孩子都不是问题。基础稍好、有兴趣的孩子可以读报纸，读一些适合自己的好书。教师如何参与指导？建议读一些好故事给孩子们听。听，也是另一种"读书"。中央人民广播电台有儿童节目，可以推荐给孩子。

三是加快培养交流习惯。阅读教学创造了大量的"议学"机会，一个有凝聚力的班级应该从一年级起就有浓郁的分享交流的氛围，因此要打消孩子的担心，倡导"教室是个出错的地方"，让每个孩子都乐于说出对课文的感受与见解，都乐于补充、矫正、接纳同学的发言。这样的语文学习是有魅力的。

有人说，一年级是起跑线，这样的时刻，总是撒满阳光，充满期待。让我们的每一个孩子都在这样的时刻获得起跑的助力，让道路两侧都有掌声，即使孩子摔倒也有目光关注。那么，孩子们的起跑即使慢一点，也没有关系。

来吧，让我们陪着每个孩子上路，风也走，雨也走……

2013 年 12 月

拓展阅读

谈永康、李永元等：《阅读能力结构分析及教学改进》

贾志敏：《〈两个名字〉课堂教学设计》

71

词语！词语！还是词语！

　　我让我未来的学生——六岁的学前儿童每星期到学校来两次。我带领他们到果园、树林、河岸边和田野里去。我们的"课本"就是我们周围的世界，就是太阳、树木、花朵、云彩、蝴蝶、各种颜色和声音、自然界的各种各样的复杂的声乐。我们每出去参观一次，就把这大自然的书读上一页。譬如，这些书页的名称有：自然界里的生物和非生物，水里和陆地上的生命，穗子和种子，自然界在春天的苏醒，秋天的最早的象征，蚂蚁的生活，天空的云雀……

　　这是苏联教育家苏霍姆林斯基在《让孩子们心里的诗的琴弦响起来》中的一段记述。这样的学习活动，教育家称之为"思维课"。顾名思义，儿童在身边的世界观察、思考，认识事物，学习字词，发展语言。

　　转述这个故事，是想与各位一起思考：一个孩子的语文学习是从字词开始的。词语作为最小的、能独立使用的、有意义的语言单位，其价值是不言而喻的。有研究表明，词汇量与一个人的语言发展关系密切。

　　让我们继续反思：词语教学作为阅读教学的重要内容与任务，应当贯穿阅读教学始终，除了耳熟能详的"四会"，除了习以为常的大量抄写、默写以及少量造句，是否还有其他的任务？从苏霍姆林斯基的身上，我们又能得到怎样有益的启迪？

　　请允许我重复 9 月 29 日区教研活动中提到的一些问题：

　　第一，中高年段的语文课几乎看不到词语教学了。字形的指导基本没有，字义的教学多数局限于字典义的交流，连最基本的字音的教学多数人也忽略了。

第二，词义教学失却了年段特点。中高年级的教学在低年级水平上"重复昨天的故事"。

第三，忽视词汇的积累以及对学生精神生活的帮助。

你是否认可，词语教学已经到了"最危险的时候"——过去的一年，我强烈地感到上述问题的存在，而在刚刚过去的 9 月，在我所听的 25 节语文课上，把字形、字义的学习全放到课外的至少占了 80% 以上。

在我看来，小学语文最重要的基石就是人人掌握 2500 个常用字，积累数千常用词汇。

在我看来，课时的减少（中高年段每周 6 节语文课，且拿出一节作为写字课），不但不能成为我们"放弃"词语教学的理由，反而应该成为我们思想上重视、行动上跟进研究的大好机会。

研究词语学习中的重点、难点。中高年段的学生已有一定自学能力，每一篇课文都有数目不等的新词，从学生实际出发，确定音、形、义学习上的难点，在课堂上加以落实，是可以而且必要的。9 月，我听 5 位四年级老师教《守信》，课文中有一个新词"志同道合"，老师们在教学中都抓了这个词的意义（字典义），其中一位老师在学完课文后引导学生理解范式与张劭都是守信的孩子，因此他们才成为好朋友，这是对"志同道合"比较深入的理解与把握。但遗憾的是，没有一位老师进行字形的教学。事实上，在今年 1 月的全区四年级质量监测中，"看拼音写词语"一项就出现了这个词，不少学生写成"志同道和""志同到合"，原因就在他们只是知道了字典义，却没有真正理解"合"与"道"的含义，字形与字义的天然通道没有打通。

不同的年段落实不同的课程标准要求。词义教学是词语教学的重点。在 9 月的区教研活动中，我列举了三位教师对"辩驳""嘱咐""饱经风霜"等词的词义教学。其教学目标竟惊人的一致，都是知道字典义，都渗透词义理解的方法。其实这三个词出自低中高不同年段的课文，相应的对学生理解的能力要求是螺旋上升、逐步提高的。只有在不同年段落实好"语文课程标准"规定的能力要求，那么，学生的相关素养才能得以扎实提高。这方面的做法请参阅拙作《如何避免词义教学内容趋同化问题》。

词汇积累有方法，有实效。我们区的一些语文老师很重视这一点，要求学生摘录，有的还在黑板一角开辟这样的学习栏目。我希望语文课堂中就要有意识地做，要做得有实效。积累的方法有找同义词与反义词，按一定顺序排列（例：牛毛细雨、绵绵春雨……倾盆大雨）等。美国人M·V·津茨在《阅读过程——教师和学生》中指出，词汇的良好扩展是由以下几方面所支持的：① 泛读；② 与词汇丰富的人交往；③旅行；④ 多种多样的经历；⑤讨论每人所读的书；⑥读到新词时给予高度重视；⑦ 不懂的词请教别人。有经验表明，从一篇课文或邻近几篇课文里选择同义词，结合语境进行辨析，往往更能有效培养学生的语感，并提高其理解、积累、运用词语的能力。比如《记金华的双龙洞》：

4月10日，我在浙江金华，游北山的双龙洞。

出金华城大约5公里到罗甸，过了罗甸就渐渐入山。

课文用"游"字总览全文，不但概括了"走"的方式，而且点明了这是一篇游记。接着介绍出城入山的游踪：出→到→过→入。同样表达"走"的意思，叶老选用了5个不同的词，避免了重复、单调，更重要的是它们同中有异，各得其所，它们的次序是不可调换的。

而《景阳冈》末尾写"武松在石头边找到了毡笠儿，转过乱树林边，一步步挨下冈来"，这句中的"转"与"挨"也都有"走"的意思，只有用这两个词才能准确写出武松同猛虎赤手空拳搏斗后手脚酥软、精疲力竭的样子。

让词语成为学生精神生活的一部分。现在让我们回到苏霍姆林斯基这里，在教育家的眼里，词不只是简单的音形义的结合体，而是充满形象、声音与色彩的；学词的过程，不是机械地读音、记形、解义的学习，而是"深入到儿童的精神生活里去"的过程，"只有当识字对儿童来说变成一种鲜明的、激动人心的生活场景，里面充满了活生生的形象、声音、旋律的时候，读写教学的过程才能比较轻松"。在这样的理念引领下，我们应当重视：把识字、学词与图画、录像等结合起来；充分利用学生的生活经验、联系上下文理解词义；把词语作为学生个性化表达的手段，"学习用词来表达最微妙的感情，用词来反映从周围世界得来的印象"。

74

写到这里，我想起 8 年前，在苏州实验小学教二年级时，曾有做法引起了学生的兴趣。一是"你说我猜"游戏。每学一篇课文，小朋友都针对生字出字谜，猜对了就给一张"笑脸"。让我们来欣赏孩子们的创造：月亮肥了（谜底：胖）、上海缺水（谜底：沪）、一种动物不善良（谜底：狼）……二是用一个词（如：听、跑、微笑、散步等）造句，鼓励学生异想天开，于是有了许多充满诗意的语言，如"睡觉"：

太阳升起来了，月亮和星星都回家睡觉了。（章雨叶）

秋来了，树叶纷纷落下，到大地妈妈的怀抱里睡觉了。（孙悦）

天黑了，等小朋友关了灯，房子就迷迷糊糊地睡觉了。（倪嘉幸）

夜晚，静静的湖水在星星的陪伴下睡觉了。（梁熠）

天亮了，上夜班的猫头鹰躲到树洞里睡觉去了。（陈子浩）

小水珠在荷叶上睡觉。（邵彧）

太阳公公在外面玩了一整天，我们放学了，他就回家睡觉去喽！（李玮蓉）

风儿睡了，花儿睡了，草儿睡了，整个树林都睡觉了。（严一菲）

天黑了，工作了一天的文具们都很累了，回铅笔盒里睡觉了。（徐婉婷）

懒惰要睡觉，勤奋不睡觉。（陶然）

"如果用思考、情感、创造、游戏的光芒来照亮儿童的学习，那么学习对儿童来说是可以成为一件有趣的、引人入胜的事情的。"

我以为，这是词语教学，也是语文教学的至高境界。

让我们一起心向往之，身行动之！

2011 年 10 月

拓展阅读

苏霍姆林斯基：《让孩子们心里的诗的琴弦响起来》

谈永康：《如何避免词义教学内容趋同化问题》

向课文作者学习表达

吴忠豪教授讲述了亲历的一个故事：

一个五年级学生在学了课文《三棵银杏树》后写了片段：

梧桐树

春天到了，梧桐树的枝干上长出了一片片碧绿的叶子，有时一只只小麻雀停在树上一动不动。

秋天，梧桐树的叶子渐渐枯黄了，掉落在地上。

学生找到了吴教授，请教该怎样写。吴教授告诉他：在《三棵银杏树》里有很多句子也可以描写梧桐树，你把这些相应的句子划出来。于是这位学生把句子划出来。吴教授又告诉他把划出来的句子运用到《梧桐树》这篇习作里。这位学生很振奋，一会儿就改成这样的习作：

梧桐树

春天到了，梧桐树的枝干上长出无数小粒。小粒渐渐长大，像牛和羊的奶头，绿叶从奶头似的芽里伸展出来，给大树涂上了两行绿色。我们高兴地说："梧桐树穿上衣服了。"

秋天到了，梧桐树的叶子渐渐枯黄了，飘落在地上，给大地染上了层层金色。秋风吹起黄叶，就像一群蝴蝶在空中飞舞。这时的梧桐树又赤裸裸的了，衬着蓝天像一幅油画。

习作改完后，学生很得意。吴教授问他："你刚才为什么不这样去写？"他回答的一句话让吴教授很震惊："我们的语文老师从来没有教我们这样去写。"

讲述这个真实的故事，是想和大家一起思索：上学期，我们提出重建语文课程观，对需要用作"例子"的课文，要抓住一二，不及其余。也就是，主要向课文学习如何阅读或写作。本学期伊始，我们在教研组长工作会议上建议一学期精读 8 篇课文，其他的则发挥其"例子"作用。

今天就让我们在吴教授的故事里开始思索，如何向课文作者学习表达。

小学语文教学的主要目的是教学生理解、运用祖国的语言文字。我们教学的主要凭借是语文书，当前的文选型教材由一篇篇文章组成，教表达主要依据课文展开。如果我们打开窗户，就会发现，多数国家的母语教学是以"表达"为重点的。日本"国语课"明确认定国语教育首先是言语教育，其首要任务是培养学生的表达能力。在美国，"表达"在语文课程中所占比例是 2/3，而且是以发展学生的实际交际能力为目的，强调通过连贯的教学，培养学生在读写听说等方面的自信心和主动性，并重视将这些技能训练贯穿于学生日常学习之中。俄罗斯母语课程规定小学阶段是以"俄语"课为主，文学课也承担很重的口头和书面表达训练的任务。

向课文作者学习表达，也是我国语文教学专家的共识，叶老就说过："国文教本中排列着一篇篇的文章……从这里，学生得到了阅读的知识。更使学生试去揣摩他们，意念要怎样地结构和表达，才正确而精密，揣摩不出的，由教师给予帮助；从这里，学生得到了写作的知识。"

如何向作者学习表达呢？可以从两个维度去思考：

一是直接从作者这里习字累词，积累语料，积淀语言。通过朗读、听写、抄写、背诵等多种方式，积累、内化课文语言，做到"使其言皆若出于吾之口，使其意皆若出于吾之心"。大量或规范或优美的语言输入，是学生学习语言的起点。语言输入的数量和质量，直接影响着学习的质量和速度。这就是"胸藏万汇凭吞吐，笔有千钧任翕张"。本文开头讲述的故事即是这样一种学习。

二是向作者学习表达的知识、技能、策略等。最近我借班上五年级《母亲的鼓励》，学习字词、基本读懂课文后，选取母亲在孩子读幼儿园、小学、中学时的三次鼓励，请学生朗读之，品味之，获得如何鼓励的知识，然后提供情境，请学生也去写一段话，就是向作者学习表达技能。向作者学习表达，具体可从三条线去思考如何确定具体的教学内容：

1. 学习炼句、谋段、摹章。根据年段特点，从学生实际出发，学习某一句式（段式、篇章结构）。如学习《鲁迅与时间》"生疑——释疑——感想"，《母亲的鼓励》"数件事件＋结果"的篇章结构等。

2. 从写作方法着眼，学习作者如何叙述、说明、描写，包括学一点议论、抒情等。跟《拥抱大树》学习倒叙的方法，跟《奇妙的国际互联网》学习说明等。

3. 就写作基本能力等向文本学习，可以有以下视角：观察与阅读、感受与理解、选材与立意、思路与结构、选词与炼句、想象与联想。如向《月光曲》学习"事物与联想"，向《推敲》学习如何"选词"等。

上好语文课，培养学生用语文的技能与智慧，需要我们引导学生向课文作者学习表达，在课程目标的设置上，在教学时间的分配上，在教学内容的确定上，都统筹安排，有所变革，多让学生进行语言实践活动。

2012 年 3 月

拓展阅读

曾扬明：《表达本位：让儿童心灵阐释语文》
谈永康：《表达：一种更深入的阅读》

落实单元目标　提升语文素养

前不久，去泗泾小学听赵红伟老师教《养花》。学完课文第 4 节后，赵老师组织复述活动。

第一次要求以"我像好朋友似的关切它们，照管它们"开头来复述。结果，学生举手者寥寥，起来复述的孩子基本上重复这一段的一些句子，而且是读着说，效果不理想。

于是，赵老师组织了第二次复述，换了一个视角，建议学生以"老舍先生像朋友似的关切我们，照管我们"开头来复述。这次，课堂气氛一下子热烈了起来，举手的学生多了，说得也有变化了。这是两位学生的复述：

生 1：老舍先生像朋友似的关切我们，照管我们。他在工作的时候，总是写了一会儿就到院中去看看，给我们浇浇水，给我们搬搬位置，然后回到屋中再写一点，然后再出来。遇到狂风暴雨或天气突变，老舍先生就全家动员，抢救我们，把我们很快地抢到屋里去。他们全家腰酸腿疼，热汗直流。要是第二天天气好了，老舍他们又得把我们都搬出去，就又一次腰酸腿疼，热汗直流。

生 2：老舍先生像朋友似的关切我们，照管我们。他工作的时候，时不时来看看我们，给这盆浇浇水，给那盆搬搬家。要是赶上狂风暴雨或天气突变，他们就全家动员，抢救花草，把我们几百盆花都搬到家里，十分紧张，个个腰酸腿疼，热汗直流。第二天天气好了，就又把我们全部搬出来，就又一次腰酸腿疼，热汗直流。我们得好好感谢老舍一家啊！

为什么要这么重视复述：一次不成功，还要换一种方式继续训练？赵老师在课后告诉我，因为本单元要练习创造性地复述课文。

讲述身边的这个故事，是想和大家一起思索：近两年，我们一直在谈"语文课程标准"，那么单元目标与课程目标是怎样的关系？近一年，我们又在探索某一篇课文如何确定教学内容，那么它与单元目标又是什么关系呢？

打一个不恰当的比方，课程目标是老子，课文教学内容便是孙子，单元目标则像是儿子。我国的"语文课程标准"是能力标准，规定了学生经过一个阶段的语文学习后要达成的目标，具有全局统摄性，指导着教材编写、课堂教学与测试评价。而单元目标则是课程目标的具体化，教材编写者围绕"语文课程目标"，衍化出一个个具体的可操作的单元目标。这些目标既独立又有联系，呈现一定的系统性。而单元目标的落实，又有赖于一篇篇课文的教学。所以，我们说，课文内容与教学内容不能简单地画等号，于是就有了"教材不过是个例子""用教材去教"的教学理念。

那么，让我们一起来探索：如何落实单元目标，提升学生语文素养呢？

首先，要高度重视，摒弃"一手硬一手软"的想法。用课文教语文，关键在挖掘课文具体的语文学习内容。鉴于每篇课文都可能题材不同、体裁有别，显然，唯有关注单元目标，才会让语文教学更科学、系统。在实践中，我们不难看到，"理解词语的方法""把握关键词句的含义"等"刚性"目标，我们往往做得较为扎实。但是诸如"朗读、复述、概括、分清主次"等"软性"目标时，往往会"视而不见"，教而不实。这样"教"出来的学生，语文素养是不全面的，无法达到国家语文课程标准的要求。

其次，要体现过程，力戒"蜻蜓点水"的现象。回到赵老师的课堂，为什么第二次复述有效果，原因恐怕有两点。一是转换人称，角度新颖。以花的口吻来介绍老舍如何照顾花草，有新意，吸引了学生的注意力，激发了学生的学习兴趣。二是难度合宜。本来是老舍写自己如何照顾花草，现在反过来让学生以花草的身份介绍接受了怎样的照顾。学生在熟读课文的基础上，对文本语言稍加调整，即可迁移运用，如把"花草"改成"我们"，"浇浇这棵，搬搬那盆"改成"给这一盆浇浇水，给那盆搬搬位置"。这样的学习，定位在学生的最近发展区，他们跳一跳可以摘桃子。因此，选准了角度，把握了难度，这样的学习，就不是浅尝辄止，不是听听而已，而具备了一个完整的试错提高过程。这样的教，就不是简单的"教过"，而是体现了"教会"。

再次，要注意效度，避免"教学两张皮"的怪状。课堂里教的，与学生学的，包括课后要做的练习关系不大，造成"教学两张皮"，学生学习负担加重——这是要避免的问题。因此，对所谓的"软任务"要真刀真枪，要让每个孩子读起来、说起来，概要、创造性复述这类单元目标完全可以与随笔作业等结合起来。这是一。其二，理解词语、概括大意等训练，既要课堂动口，更要通盘考虑，课后也有必要做一做，以全面、扎实发展每一个学生的语文素养。

最后，要有分有合，克服"平均用力"的弊端。一个目标，需要单元内数篇课文"合力同心"加以落实。比如"创造性复述"这一能力目标，《养花》《宽容》就承担着"补充情节复述""改变人称复述"的不同技能要求，有分有合，才能堂堂不同，训练有效。另外，单元目标总是遵循学生身心发展规律，体现年段特点。比如质疑、复述等在不同年级都有阶梯式不同要求，因此，教师在面向全体基础上，鼓励先进，允许落后。对能力强的学生要鼓励他"自己吃饱"，对这次训练不理想的要帮助，必要时"在下一个路口"耐心等待。

好了，以上谈的都是阅读教学中如何落实单元目标，习作教学留待下次再聊。

2012 年 4 月

拓展阅读

郭根福：《试论单元目标的教学策略》

李怀源：《语文：从教学到课程》

专业阅读：语文有效教学之路

从教之初，每年都有机会给师范生和兄弟学校的同行开课。所谓初生牛犊不怕虎，领导给担子，也是给舞台，每有任务，便专心于此，无论晚上还是星期日，都静心备课。印象中，上《难忘的一课》较为成功。课文讲述的是台湾光复后，"我"去学校听老师上中文课的事。课文不长，语言朴素。当时分管教学的校长听后请我去他家吃饭，聊了好多，其中也问我如何备课。我如实交代："每次上课都诚惶诚恐，这次跟前几次不同的是读课文把自己读感动了。"校长肯定道："这就对了，你一动情，就把学生带入了课文。"

后来调入教研室，听课多了，上课少了。有一年到学校执教《两个铁球同时着地》，课文比较长，我有意识地在备课时背诵全文。说说容易背起来真难，背了好几天，不是错就是漏。到了上课那天，才勉勉强强背了下来。教重点段时就心中有数，课堂上就能专心关注学生了。

以上两个故事，我想用来说明语文老师的阅读是一种专业阅读，跟一般的自然阅读有所不同。语文老师是专业工作者，阅读的目的、阅读的方式，还有对阅读结果的期待都跟普通读者不同。普通读者读得比较随意，很少像语文老师这样：读懂"课文写了什么"，还要思考"课文是怎么写的""为什么这样写"……因此，对一篇课文，语文老师总是严谨而认真，力求读懂、读准、读透。于是，语文老师采用的阅读方式相对也多，精读细读，圈画批注，反复品味……

根据上海师大郑桂华教授的研究，语文教师阅读一篇课文应该有三个阶段：（1）自然阅读阶段，读出个人的感受与理解；（2）"定位"阅读阶段，读出课文的语文教学价值——"可以教一些什么"；（3）"定点"阅读阶段，读出课文的课程价值——"应该教一些什么"。毫无疑问，这三个台阶就是我们备课的路径。从实际情况看，还需要在以下方面加强：

一要真切深入的"自然"阅读，就好像驴友跋山涉水、深入风景，而非走马观花、浅尝辄止。

上学期我在岳阳小学上三年级《刮脸》。文本不长，写什么，怎么写，好像都不是问题，况乎已上过数次。这次备课时，灯下读，桌前读，有空就背，眼前始终晃动着一个可爱的小贝当：从一开始的粗声大气"我要剃头"，真有点蛮不讲理；接着自以为是"我是大人了"；再是从老板手里接过报纸，大字不识几个却开始一本正经地读报……小贝当的言行举止，处处出人意料，其天真、淘气的背后似乎还有一份认真与执著。及至理发后要求"我要像他一样"刮脸，真够任性。偏偏理发师还颇有耐心，到一边去静候。小贝当等得急了，生起气来，责问理发师何时给他刮脸。理发师的回答又一次出人意料，"等你长出胡子来"，真是妙极！

一路读一路想，竟觉得这样的课文实在妙极：写的是小事，但内容宛如苏州园林，曲径通幽，令读者常常想不到；用的语言很朴素，但转折句式"……但是……"再恰当不过，有些段落，如第4自然段本身就是转折段式。于是想到段意的概括、语言的学习都可以从这个"但是"句式入手。熟读课文后，有多少信息可以有情有趣地交流：小贝当才读二年级，但是他说"我是个大人"了；老板知道小贝当还小，但是把报纸递到了他手里，让他读报纸；理发师明知小贝当的要求不合理，但是对他说"等你长出胡子来"……这样的内容在文中比比皆是，这样的句子小朋友可以说出很多，一边说一边定会乐不可支。所以，语文教师通过自然阅读，获得最初的感受与真切的体验。这些感受，这些体验，也往往是教学最需要的，也是语文课堂最缺乏的——如果我们刚刚接触课文，就去看教参，就去找教案。

所以，作为一个读者走进课文，就好比一个热爱旅游的人，自己去游历，而不是看杂志，听游客介绍；也好比是一个热爱美食的人，自己去品尝，而不是看说明，听食客介绍。

二要科学适切的"定点"阅读，就好比军人射击比赛，子弹再多，不中靶心又有何用？

去年11月，吴忠豪教授来松江讲座，指出语文教学效率不高，症结在"教语文"异化成了"教课文"。的确，一篇课文什么都教，字词句段，听说读写，语修逻文，遇到什么教什么，把文章教得支离破碎，语文课也就索然无味。

语文课程改革的一个新理念就是用教材教语文。"定点"阅读就是明确"谁读"和"读什么"：一篇课文可教之处很多，必须从中挑选出最有价值、最值得教的东西。从课文本身看，要选课文中最突出最典型的语文知识、方法、策略等，也就是教材的核心价值。第二要从教材体系出发，看看这篇课文的地位，思考教材为什么把这篇课文放在这一册这一个单元。课文应该服从于单元，单元受制于整册教材，而教材服务于课程标准。同时，必须考虑学生实际。钱梦龙先生说过："我备课时最关心的问题，不是自己怎样教，而是学生怎样学——带着什么动机和情绪？以什么态度？用什么方法？等等。"于是，不是课文最核心价值的东西不教，学生已经知道的或者还不需要知道的不教，不是本单元重点不教。当我们尽可能多地剔除了"不需要教"的，语文教学的内容才会水落石出，更纯粹更精致；对学生来说，学习任务也就更明确集中。

让我们一起回顾一下去年民乐学校刘老师执教四年级《白银仙境的悲哀》：

1. 激发兴趣，导入课文（学习字词）。

2. 赏读，体验环境幽美。

（1）"仙境"何意？（2）练习朗读；（3）学习排比句式；（4）背诵。

3. 对比，感受"面目全非"。

（1）过渡，课文哪几节写了白银仙境的改变？读读6—8小节，找一找白银仙境有哪些变化？

（2）抓住"面目全非"指导朗读，说话：在国外有一个非常幽美的小镇。原先（　　），如今（　　）。

4.探求原因，学习"分清主次"。

（1）课文第 2—7 节分别在写什么内容？如果合并起来说，这几节都在写什么内容？

（2）讨论：作者为什么要用这么多文字来详细记叙人们的所作所为呢？

（3）判断：课文主要内容是什么？（见课后习题）

让我们再来看一下一般的传统教法：

1.激发兴趣，导入课文（学习字词）。

2.赏读，体验环境幽美。

（1）"仙境"何意？（2）练习朗读；（3）学习排比句式；（4）背诵。

3.对比，感受"面目全非"。

（1）过渡，课文哪几节写了白银仙境的改变？读读 6—8 小节，找一找白银仙境有哪些变化？

（2)抓住"面目全非"指导朗读,说话：在国外有一个非常幽美的小镇。原先（　　　），如今（　　　）。

4.探求原因，受到教育。

（1）默读课文 4—7 小节，完成填空。出示：白银仙境原来是一个幽美的小镇，由于罗宾逊和镇长（　　　），城里人听说了白银仙境的空气对健康有益，（　　　），镇上（　　　），结果造成白银仙境面目全非。

（2）理解词语：蜂拥而来、川流不息。

（3）课文想告诉我们什么呢？

将这两种教法加以比较，我们能发现，刘老师的教学也重视对比，重视情感激发，重视渗透环保教育，但是她的第 4 部分教学与众不同：第一，舍得花时间，学生学习充分；第二，有思维难度，学生学习深入。透过表象，我们可以发现教师依据课标与学生需求，把教学目标确立在逻辑段的段意概括以及分清主次上，前者是课文重点内容，后者系教材单元训练重点。两者融合在一起，而这一教学目标或曰学习任务，正是传统教法所忽视的。传统教法是在"教语文"，但是第 4 部分显然不是四年级学生一定要学习的，或者说，这些内容四年级学生一读就懂了。所以说，语文教师有没有"定点"阅读的意识与能力，教出来的语文课是不一样的。

王荣生教授说，课文中包含可能高于学生现有生活经验、语言经验的内容，我们语文教师就要在阅读教学中引导、帮助学生，丰富、扩展学生的生活经验与语文经验。在班级授课制的教学情境中，阅读教学的基本路径有以下三条[1]。三条路径，殊途同归。

而刘老师的教学正是发挥了课文的核心教学价值，让学生的语文经验得以丰富。

一个真正的语文教师，追求专业的阅读，就像追求自由一样自然。

一个幸福的语文教师，追求高品质阅读，就像追求梦想一样坚韧。

让我们在专业阅读中变得更加美好、完善，让语文教学因此而更为有效、有趣。

2015 年 3 月

拓展阅读

王荣生：《以"学的活动"为基点的课堂教学系列讲座》

王荣生：《阅读教学的基本任务与路径》

---

[1]　王荣生《阅读教学的基本任务与路径》，《课程·教材·教法》2012 年第 7 期。

研究阅读策略　引导学会学习

5月25日，我们在第二实验小学举行"播下阅读的种子，聆听花开的声音"课外阅读研讨活动。

二实小五（2）班陈爱君老师和孩子们共读经典童书《小王子》。顾儒枫副校长作了题为《坚守信念，无限相信阅读的力量》的专题汇报。接着陈老师将四年来所做的工作与大家进行了分享，她的"读书——让孩子走得更远"的信念感动了与会者。最后，陈老师班的孩子们将数年来课外阅读的成果浓缩成一台节目，以快板、小品、课本剧、诗词吟唱等形式展现出来。时间虽短，却能看到阅读给孩子们带来的神奇力量。无怪乎市教委教研室语文教研员薛峰老师在谈感受的时候非常感慨，非常感动。区教师进修学院书记杨敏老师在讲话中倡导我们小学语文老师要栽种仰望文化的种子，让好书陪伴孩子成长，让学校每个班都是"五（2）班"，以点带面，全面开花，展现春色满园的前景，共圆中国梦。

写到这里的时候，我突然想到美国对学生阅读非比寻常的重视。美国的《不让一个孩子掉队》法案里有这样的文字：我们国家正在逐渐地被分为两个"国家"，一个"国家"的公民具备阅读能力，而另一个"国家"的公民则不具备这种能力；一个"国家"的公民心怀理想，而另一个"国家"的公民则没有理想。

把阅读能力与"国家公民""心怀理想"联系在一起，可见美国教育对阅读能力的重视。美国政府心有忧思，便付诸行动，政府承诺：保证每个孩子在三年级时学会阅读。为了达到这个目标，美国大面积实施"阅读第一"的行动项目，为各州提供消除阅读障碍所需的经费与工具，这个工具包括国家读写能力研究会阅读小组制订的《把阅读放在第一位》手册。

说我们松江，也说外面的世界，是期望我们小学语文老师能够一起来圆梦：让松江的每一个孩子都会读书，在童年认认真真读一定量的好书，为人生幸福奠基。

这个梦想与今天要说的阅读策略有关。

一、高度重视阅读策略的教学

这学期我们在教研活动中多次提到"阅读策略"。阅读策略是学生用来理解文章的有意识的可调整的认知活动计划。学生掌握阅读策略，就是学会阅读，学会学习。

朱作仁教授认为小学语文教学中学生的自学能力主要有九个方面：使用工具书的能力；理解题目的能力；分段并概括段意，或编写段落提纲，或列小标题的能力；根据课文中心内容，理清作者思路，提纲挈领、提要钩玄的能力；捕捉中心句或概括课文中心的能力；读懂并找出课文中的重点词语、重点句子、重点段落的能力；从运用句子的角度，对照自己的习作实践，从课文中找出写作方法为自己仿效的能力；提出疑难词语或问题的能力；做读书笔记的能力。

一言概之，这些能力主要是阅读策略。阅读是因文得意、缘文会友的过程，也是人类素质的生产过程。阅读能力的发展，是学生形成阅读策略、理解文章的过程。学生学习不好，往往是不能根据学习任务选择恰当的策略和灵活运用策略。因而，教学目标是教给学生有效的阅读策略和怎样恰当地运用策略。

这里将"阅读策略"与大家熟悉的"阅读技能"概念做一简单区分。① 目的不同：策略强调读者有意识地计划认知活动，而技能则往往认为是自动化的习惯行为。②复杂程度不同：策略强调阅读是在整体理解的背景下进行推理，去建构文章的意义；技能则把理解看作是一系列技能的相加。③灵活性不同：策略具有广泛的灵活性和适应性；技能即使不是刻板的，也起码暗示一成不变地运用于所有的文章。④有无意识的区别：策略运用元认知意识；技能则认为通过反复练习和训练，读者就能在阅读任何文章中自动运用技能。⑤读者观不同：阅读策略观把读者看作是积极的学习者；阅读技能则把读者看成是被动的，只要掌握一系列技能，就能自动把技能运用于所读的文章。因此，阅读策略教学正逐渐取代阅读技能训练，成为阅读教学的主流。

二、科学掌握阅读策略的内涵

把握阅读策略的内涵，需要区分学习策略、学习方法、元认知等概念。

学习方法是学习过程中的认知方法或技能，如记忆术、做笔记、在书上批注、画线等都是。它们是学习策略的知识和技能基础。而学习策略是对学习进行调节和控制。在学习过程中，学生主要使用学习方法进行自我调节和控制。所以，"学习方法的掌握和应用"基本上与"学习策略"同义。但是这并不等于说"学习方法"或"学习方法的掌握"就是"学习策略"。这是因为，学生如果掌握了一定的学习方法，但面对特定内容不会使用这些方法，他们就无法进行自我调节和控制。

元认知是关于认知的认知。学生运用策略是为了取得进步，而元认知则是为了监控这种进步。因此，元认知的发展水平直接制约其他方面的发展。从这个意义上来说，元认知与学习方法一样，是有效运用学习策略的基础。因此，我们将元认知视为学习策略的重要组成部分。

综上所述，"学习策略"是在学习情境中，学生对学习任务的认知、对学习方法的调用和对学习过程的调控。构成阅读策略的基本要素有：阅读的方法、阅读的调节与控制、相关元认知知识及体验。

曾祥芹教授在《阅读学新论》一书中提到了十大阅读策略：定向选读策略、"金字塔"策略（先博览再求专精）、循序渐进策略、问题导向策略、取精摄要策略、合理匹配策略（读物、读法和阅读时间等与自己匹配）、学创相生策略、知行统一策略、终生阅读策略、快速高效策略。这些策略着眼生活，较为成人化，但为我们思考中小学生要掌握哪些阅读策略提供了借鉴。

学者研究发现，从阅读教学实践的角度加以归纳，以下策略可有效促进理解：

（1）确定重要内容的策略。可从两个角度确定：一是作者在文章中所表达的重要意思；二是读者所需要的重要信息。

（2）概括信息策略。在阅读中简明扼要地写出所读材料的内容梗概，主要包括：概括句子，概括段意，概括文章部分内容，概括一篇文章内容，概括文章中心思想，概括一本书或几篇题材相同的文章的内容。

（3）推理信息策略。指读者在具体的语言环境中，运用自己的原有知识和文章提供的信息创造出新的语义信息。

（4）质疑释疑策略。质疑是阅读的起点，释疑旨在解惑，提升文化素养、思想道德素养。

（5）监控理解策略。一是定向，在阅读前分析读物特点、学习环境来确定阅读目的。二是计划，选择适合阅读目的、读物特点和自身特长的策略。三是检查，检查是否理解所读文章。四是调节，根据理解情况来调整策略，改变注意水平和阅读速度。五是评价，阅读结束后评价自己的阅读是否达到目的。

（6）激活原有知识策略。学习中的重要信息加工方式之一是同化加工，利用原有知识去解释、消化文章的信息。

三、细化阅读策略的指导

小学生思维发展的特点以及语文学习的特性，决定了他们对具体感性的事物容易理解，对比较抽象的方法原理认识比较困难。因此，阅读策略的指导必须从学生实际出发，力求"具体""细化"。以3月份的四年级语文教研活动为例说明。

根据教材单元训练重点以及班级实际，我们确定了重点学习目标是"基于重点词句的提问策略"。对此，我们在磨课（一个班级学两篇课文，落实阅读策略的学习）中反复讨论，对这一目标进行了细化，从"我知道找到重点句可以更好地理解写人的课文""我知道抓住重点句中的关键词提出问题,可以帮助我读懂人物""我知道通过读书、思考、交流来解决问题""我能通过读懂课文主要内容来找到写人的重点句""我能找到重点句中的关键词""我能根据关键词提出问题""我能根据关键词提出问题""我能通过读书、思考、交流解决问题"等方面来进行评价。评价选项包括"优秀""一般""须努力"。既涉及阅读的方法,也涉及阅读的调节与控制。设计表格,学生学习后小结,便是元认知过程。教研活动中,金老师、王老师围绕这一重点教学目标,一个总体上"扶着"学生,根据课文主旨找重点句,抓住句子质疑,深入学习课文,把握人物品质;另一位老师"扶放结合",让学生试着在下一篇课文中运用这一方法,教师相机矫正、点拨,课后,学生回顾学路,进行自评。二实小的老师们统计后得到数据,向大家汇报。暂时没掌握的学生由科任老师进行针对性辅导。

　　借助教研活动,我们在阅读策略的研究之路上迈开了步子,也获得了一点经验。我们从实践中深切认识到,阅读策略的指导至少包括两方面的内容:一是在具体的课文情境中引导学生认知具体的策略;二是引导学生在迁移中获得各种阅读策略的适用范围,使学生在特定的学习情境中,能自主选择适当的策略进行学习。

　　记得读师范时,老师教导我们"师傅领进门,修行靠个人",后来读到叶老的"教,是为了达到不需要教",慢慢明白,语文重要,识字是学习之本,阅读是学习之魂。那么,为了学生学会学习,让我们一起在阅读策略研究的道路上走下去!

拓展阅读

　　杨华:《概括信息——小学语文阅读策略教学谈》
　　郑桂华:《上海市高中语文课堂教学中阅读策略教学的课例研究》

用"三个突出"来改进我们的阅读教学

阅读是目前语文课程的主导形态，不但课时占到语文总课时的四分之三强，而且语文教材基本上以课文为主。可以说，语文教学的问题也集中体现在阅读教学中。阅读教学有一怪弊，存在已久，久治不愈，那就是：教与不教，关系不大。换成识字教学或习作教学，问题不是没有，但教了就不一样——学生识字了，作文也能写了。从这个意义上讲，阅读教学实在到了不改不行的地步。换句时髦的话，就是已经到了攻坚期和深水区。

阅读教学之所以高耗低效，其根本原因大致有以下四方面：

一是对母语教学的认识存在偏颇。课文内容涉及方方面面，可以教的东西很多，从目标角度分析一下，大致可分为得意、得言、得情、得法。由此看，阅读教学的问题主要包括：或偏离语言学习目标，上成了自然常识课、思想政治课等；或眼中只有"语言"，造成字词句、阅读之类的机械训练过多过滥；或"分而治之"，不能把得意与得言等较好地结合起来。

二是学生主体性形有实无。学生是学习的主体，这是我们的共识。但由于多种原因，停留在口头、书面的时候多，主要表现为：学生学习的兴趣不高，也不大会学习，距离"教是为了达到不需要教"尚有不短的路要走。

三是学习形式过于单一。阅读课堂中，多数时候，是边问边答，针对课文肢解体分。偶有一些讨论，也是点缀的多。

四是学习路径过于狭窄。只教一本语文书，只在教室里教语文——这样的学习路径，不符合学科学习的规律。"螺蛳壳里做道场"，阅读教学就很难"活"起来，生动活泼的格局似乎遥遥无期。

"不识庐山真面目，只缘身在此山中。"我们都在"阅读教学"中，

92

是亲历者，有时候需要"跳出来"，做一个旁观者，去俯视，去回顾，去检视我们的教学。有三样东西，我觉得要经常思考。一是为什么要教阅读。识字、读书、作业，都是为了孩子获得读的能力，并对书面表达有所滋养。在这个过程中，孩子的思想得到教育，情感得到熏陶，价值观得到提升，一句话，成为一个合格乃至优秀的读者。这一点是观念，是态度，是不能做墙上芦苇，东摇西摆的。二是怎么教。既包括教什么，也包括教的方式。事实上，因为教有经年，更需要我们用语文的规律，甚至用学生的眼光来重新审视一切。三是教得怎样。分数是评价的工具之一，更多时候应该去从学生的书写、朗读、阅读量、写作量等实证角度，来客观分析、判断学生的语文素养，然后据此改进教学。

好了，对以上三方面有了较为深入的思考，我们再来交流阅读教学如何改革的话题。这几年跟老师们一起实践、思考，姑且用"三个突出"来概括。

第一，突出学习情感。

学生是语文学习的主人，他们对学习的情感往往决定了学习的质量与效益。情感是人对客观事物是否满足自己的需要而产生的态度体验，是学生理解、运用语言文字的动力。情感驱动认知，语文教学的成功，关键在学生积极开动脑筋，主动投入听说读写的活动。

激发学生学习情感，除了必要的外在形式的表扬、鼓励外，应重在激发学生热爱祖国的语言文字。这方面不能空洞说教，要抓住孩子的心理，凭借课文，通过朗读与感悟、品评与欣赏，让祖国语言文字焕发出美丽灿烂的光芒，从而吸引、打动学生。建议在如下方面下功夫：

1.感受祖国语言文字的优美。

汉语言文字源远流长。鲁迅认为其有三美："意美以感心，一也；音美以感耳，二也；形美以感目，三也。"对低年级学生来说，尤其要发挥汉字"感目""悦心"的优势，利用其表意特点，提高识字的效果与趣味。随着年级的升高，在学习课文时，加强朗读、品味，感受汉语词汇的丰富传神，领略汉语言的朗朗上口，诵读积累优美的诗文，逐步了解祖国语言文字的博大精深、美不胜收。

2. 感受语言世界的丰富、多彩与新奇。

学习语文，就是打开一个世界。仅就课文而言，内容无所不包，山水自然，人文历史，姹紫嫣红，丰富多彩；文章表达，不一而足，记叙令人如睹其物，描写让人如临其境，抒情叫人心潮起伏，语言的景点风光无边，着实令人流连忘返。在学习语言的过程中认识事物，提升认知能力，可以激发学生学习语文的内驱力。当前亟需针对课文，引导学生进行拓展性阅读，如完整阅读尤今的《绿毛龟》，再如学完《孔子和学生》后推荐李长之教授的《孔子的故事》。

3. 感受语言背后的情感、思想与价值观。

语文承载情和意，即使是说明文，作者也总是有着自己的情感态度。这方面的"得意"与"得情"，往往与"得言"和谐统一，相得益彰。平常的月亮，在中国人眼里，意味着思乡，这种情感的熏陶总是随着《静夜思》一起在学生的内心沉淀；学《为人民服务》《人生的开关》，感受严密的逻辑、朴实而深刻的话语，学生的思想得到升华。阅读教学的"对话"意义在此时熠熠生辉，学科育人在此刻悄然无痕。

情感的学习，主要靠感染。因此，教师要把握教材的特点，要自己进入角色，在教学中传之以情，并且善于以情激情，拨动学生的心弦，深入学生的情感世界，使他们主动地学、积极地学，有情感的滋生与勃发，让语文学习的旅程生动成一条波光粼粼、连绵起伏的河流，而非激不起半点情感涟漪的"一潭死水"。

第二，突出语言实践。

语文教学的核心任务是学习语言，阅读教学应该以语言取向来组织课堂。我们实践并提倡以学生的学习活动为主线来组织语文课堂，其基本结构是读议练评。学习活动对应着能力发展目标，我们用下表来表示：

阅读教学基本流程与学生能力发展

	项目	阶段一	阶段二	阶段三	阶段四
基本流程	学的活动	读学（学生自己读书、疏通课文、辨字析词等）	议学（围绕核心内容与特色表达思考、讨论等）	练学（听记、朗读、背诵、表达、抄录、习作等）	评学（对自己或同学的学习进行评价）
	教的活动	导"读"	导"议"	导"练"	导"评"
发展目标	语言学习目标	语言的感知与积累	语言的理解与感悟	语言的内化与迁移	对语言学习形成元认知
	阅读能力目标	认读能力	理解能力	较基础的评价能力与迁移能力	对阅读能力发展形成元认知

读、议、练、评，是阅读教学中的主要学习活动，体现了语言学习的基本程序与方法。具体到某一学习阶段，针对某一课文，可以有"变式"。一是学习活动的"序"可以微调，比如"读"的活动可以贯穿整个课堂；"练"也可以提前，先尝试以发现问题，激发学习动机。二是一篇课文的教学，读议练评这些活动不是缺一不可。我们可以回顾一下，贾志敏老师教一年级《脚印》，学生的主要学习活动是"读、练"，当然，读中有议，练（句式"你看，你看，我……"的迁移运用）中也有议。贾老师教三年级《全神贯注》的基本流程是"读、议"，议学的内容包括了两个：概括课文大意是"略"学；"罗丹做得对不对，凡事都要全神贯注吗"，学生是"详"学。于永正老师教五年级《珍珠鸟》则是"读议练评"。第一课学生在读书，在读中议：鸟怎么与人增进感情的。第二课是练与评，练什么呢？学生以"冯骥才"为题，以珍珠鸟的口吻来写主人，表达主人对鸟的好。写完了交流，互相评价。

以语言学习为主线组织课堂，要注意几个问题：

一是强化文本语言的积累与内化。要指导、帮助学生在课堂学习活动中熟读相关语段，甚至是整篇课文（而不是全放到课外背诵）。

二是要注重语言的灵活运用。这个"运用"，既包括阅读所得的释放与交流，也包括文本句式、段式、表达方法的迁移等。

三是要有一个较为清晰的"序"。低段以词句理解运用为主，中高段要以句段为主，注意表达方式的学习运用。

四是在当前形势下，要特别重视两点：珍视学生独特的感受、体验与理解；让学生多写心得文，注意对文本语言与思想等的吸收。教五年级《人生的开关》，当学生得知张叔曾抽验后，作者大吃一惊，庆幸自己当初的选择。此时，学生感想甚多，用笔交流是比较适宜的。翻阅学生的课堂练笔，看到了学生对文本言语的内化、运用——人人用了"蛊惑"这个词；还有引用课文的，如"'吃了不该吃的会拉肚子'。我会铭记在心，它时刻提醒我：做人要老实"；还有运用已有语言积累的，"听老师演讲，曾有一位官员因为受贿而坐立不安，最终因为承受不了压力而自杀；在替他高兴时，我想起了海涅的一句名言，'生命不可能从谎言中开出灿烂的鲜花'"。思考、表达的过程还是学生提升认知、思想受到教育的过程，一位学生这样写，"在此之前，我真为他揪心，生怕他为了钱财而违背了自己的良心"；一位学生谈了自己的认识，"生命历程中，总会遇到很多考验，抱着一颗真诚的心，选择正确的道路，未来就顺畅"；还有学生受到了教育，"把不应得的东西占为己有，不但会使自己整日寝食难安，还会丢掉诚信，给自己添上一笔无法抹去的污迹"。

第三，突出学习方法。

学习方法，是学生语文学习中的智力活动行为，相关提法有"学科思维""学科智力""学习策略"等。从内涵角度而言，学习方法有体现学习共性的一般思维方式，如分析、综合、抽象、概括等；也有语文学科特有的学习方式，如诵读、涵泳等；还有反映主体学习的个性化特点的，如学生学习时往往有"场独立性""场依存性"之别；也有自己的认知特点或风格，有的善于凭借形象、事例学习，有的擅长联想、推断等，有的善于计划、监控、评估、改进自己的学习等。

当务之急，是从学科规律出发，对语文学习策略有所研究与实践。我们认为，小学基本的学习策略主要有：认知策略、监控策略、资源策略与元认知策略。策略的学习一般采取"做中学"的方式，即经历语文实践阶段、整理归纳阶段和元认知阶段。去年我们曾在岳阳小学上研究课《桂林山水》，制定了阅读能力量表，请学生学习后自评，教师根据情况，跟进矫正，取得了较好的教学效果。我们认为，这样的学习，是一种有效训练，既检测阅读能力的发展，又可以发展学生的监控策略与元认知策略。这方面的尝试，我们在作文教学中做得较多，也比较深入，大家可以借鉴。

学习方法与策略对于学生的学科思维、心智发展、能动学习和主动发展有着很大的影响。这也是我们当下研究与实践比较薄弱的领域。为此，我们在今后的教学研究与实践中会对此多加关注。

以上思考，很多是和我们教研组长一起上课、讨论得到的体会，也有不少是与首席教师工作室成员共同研究获得的经验。虽然这些心得体会较为新鲜，但还不够深入，因此，真诚希望我们的老师一起做，一起改进我们的阅读教学。有一首歌，是苏芮唱的《一样的月光》，有一句歌词很好：谁能告诉我，是我们改变了世界，还是世界改变了我和你？我想，没有谁能告诉你，到底谁改变了谁。我经常用英国社会学家古德尔的一句话来自勉，兹抄录在这里，也与您共勉：

我们每一个人所能做的事很少，但是我们联合在一起，我们能改变这个世界。

2014 年 9 月

拓展阅读

于漪：《阅读课面面观》
谈永康：《语文，为孩子的精神成长奠基》

作文教学改革

向贾志敏老师学教作文

贾志敏老师的大名，在上海，几乎家喻户晓。

贾志敏老师的语文教学艺术，炉火纯青，闻名遐迩。

贾志敏老师对语文教学的钟情，对小朋友的热爱，有目共睹。最让人感动的是 2014 年春天，肝部手术后不满一周，贾老师就在家人的搀扶下，来到曾经工作过的浦师附小，给几百位小学语文教师上课。这是全国"新作文体系进校园"活动第一站。尽管很多人以各种方式劝阻，但贾老师只说了一句话：不要因为我而影响下面的系列活动。他来了，抚着刀口，微笑着，在这个春天，带着孩子们遨游在作文的百花园里。

再前面一个春天，贾老师在我们松江，给青年老师们上示范课《全神贯注》；再往前推，2013 年金秋，贾老师在松江，给我们上一年级示范课《脚印》。这两次活动，都是我们承担了有关研究任务后，亟需名师指路，需要在"攻坚克难"的关键时刻有人帮我们一把。这时，贾老师来了，可见他跟我们松江小学语文的情缘。

说了这么多，言归正传。这一阶段，应上海师资培训中心邀请，有幸担任"国培计划（2014）"——骨干教师高端研修项目小学语文学科教师工作坊（云地坊）的坊主。这次参加培训的有上海 10 个区县的 300 多名语文教师，我们一起研修的专题是"写作过程中的教学指导"，我承担了其中的两个讲座。贾老师得知消息后，很支持我们，提供课例，近日还发来大作《作文，不算太难教》，供大家学习。现在，我将自己的学习体会与各位做一次分享。

贾老师的作文课《怎样写好一个物件》执教于上个世纪 90 年代，今天来欣赏，仍相当经典，因为这堂课遵循了作文的规律，又符合学生学习的规律，细细咀嚼，光彩熠熠。从"写作过程的教学指导"角度来欣赏贾老师的作文教学艺术，可以概括为两句话：贾老师的作文课很好地体现了作文过程的教学，也很好地体现了写作教学的过程。

先说说贾老师的作文课如何体现写作过程的教学。

写作过程的教学，是一种重要的教学指导思想。

所谓作文过程的教学，就是指在教学中，让每一个学生都经历完整的写作过程。写作是一种学习行为，和其他认识问题、解决问题一样，可以分解为不同的活动阶段。

美国的过程写作法就是体现过程教学思想的范式之一。过程写作法提出学生在整个写作过程中，经历五个相关的阶段：预写作、打草稿、修改、校订和发表。

德国的一些学者也认为写作过程可以分解为若干阶段，如写作计划阶段、行文阶段和修改阶段。教师在指导学生作文时可以按阶段对学生作文实施指导，每个阶段或步骤都是教学目的。我国当代语文教学专家也持相似观点，刘锡庆教授认为作文过程可分三个阶段：写作的准备阶段（包括聚材取事、命题炼意、谋篇布局等）、写作的行文阶段、写作的完善阶段（即修改润饰）。张鸿苓等人认为，学生写作过程可分为三个阶段：观察、思考阶段，构思、表达阶段，修改阶段。

《义务教育语文课程标准（2011年版）》指出："在写作教学中，应注重培养观察、思考、表现、评价的能力"，"应抓住取材、构思、起草、加工等环节，让学生在写作实践中学会写作"。

贾老师的《怎样写好一个物件》就很好地体现了作文过程的教学。

第一，精心挑选实物，有效培养学生的观察能力。

课上，贾老师拿出了一盆仙人掌。学生的兴趣一下子就上来了。怎么观察呢？贾老师通过一个个问题，如"这盆仙人掌栽在哪里呀""它有多大""它的颜色呢""再想开去，什么样的绿色呢""上面长着什么"，指导学生对仙人掌进行全面细致地观察。又启发学生"想象一下，它好像在跟我们说些什么"，教学生学会边观察边想象。

观察能力的培养，不能只提知识要求，而是要像贾老师这样，让学生有一个观察的过程。这个观察的过程就是学习的过程，很重要，不可或缺。

第二，训练构思表达，有效培养学生的写作能力。

传统作文教学中，老师往往先提一下本次习作的要求，接着学习一篇范文，然后就让学生写作。由于学生各写各的，老师虽然可以即席指导，但难以面向全体。一些学生出现写作障碍，得不到及时、有效的指导，就不能把作文写具体。贾老师的作文课，完全解决了这个问题。你看，贾老师先让学生观察、说话，交流好了再写作文。虽然交流的学生就这么几位，但其他学生也都在聆听中跟着思考，学习如何表达，这样就慢慢学会了如何把仙人掌写得更具体。

第三，组织当堂交流，有效培养学生的修改能力。

学生当堂作文，完成后请学生朗读习作，进行全班交流，而老师即兴点评、修改。这是贾老师作文课堂的高潮部分，也是贾老师教作文的绝招。贾老师的点评里，有表扬，比如"语句重复，是孩子说话的特点，很好""'多淡雅的色彩，多清幽的感觉'都是作者内心的感受。这么一写，起到画龙点睛的作用"。贾老师的点评里，还有语病的矫正与语言的润饰，比如"后面'仙人球开花'改成'它开花'较好，避免重复"，等等。

这个环节，学生很喜欢。因为，对交流的学生来说，可以从老师这里得到及时反馈，获得老师的点拨与帮助。对其他同学来说，也能学到不少，有则改之，无则加勉，为下面的"自改"练习提供借鉴。

总之，作文过程的教学，不应拘泥于环节步骤的数量，上面提到的美国过程写作法有五个阶段，我们可以合并，也可以重复。贾老师的这堂作文课主要就是观察、写作、交流等步骤。

接着说说贾老师的作文课如何体现作文教学的过程。

作文教学过程化也是新课改背景下作文教学改革的重要理念。

王荣生教授在《我国的语文课为什么几乎没有写作教学？》一文中明

103

确提出：作文教学内容在我国中小学的语文课里，几乎没有写作教学。……中小学有"当堂作文"一说，但所谓"当堂作文"，只是给学生写作的时间罢了，具体的写作过程，教师通常很少顾及，更缺乏有效的指导。

王教授批评中小学"几乎没有写作教学"，我是这样理解的，当前不少作文课，学生还是在独自穿越作文的"暗胡同"。20世纪30年代，鲁迅先生就把写作文比喻为"一条暗胡同"，对学生来说，是"一任你自己去摸索，走得通与否，大家听天由命"。为什么这样打比方呢？作文，是把自己的见闻、情感、想法等思维活动转变为书面语言的心理过程。写作心理转化理论认为，在这一心理过程中，除了思维和表达两大因素外，还存在着一个极为重要而又容易被人们忽视的因素——转换。据苏联鲁利亚等专家研究，学生真正要完成一篇像样的作文，至少要经历三重转化：先是从思维到内部言语的转换，再是从内部言语到外部口头言语的转换，最后是从外部口头言语到外部书面言语。显而易见，这三重转化，对初学写作的小学生来说的确不易。鲁迅先生"暗胡同"的比喻真是形象生动。可见，如果我们在作文教学中没有围绕目标精心设计教学流程，没有好好搭建学习的阶梯与平台，那么，我们的学生恐怕有不少人会掌握不了写作知识，提高不了写作能力。

贾老师这堂课了不起的一点就是通过素描活动，把教学的目标，即状物作文的有关知识藏在教学的过程中，帮助学生一起穿越习作暗胡同。这节课的教学任务是把仙人掌写具体，如何写具体，主要学会两个知识，一是从颜色、大小等方面来写；二是展开想象。这两点知识，贾老师都不是简单地告诉学生，而是带着学生一起"做中学"。我们来看看一个教学片段。

贾老师：第一部分完成了，我们再来完成第二部分。你们看，现在这盆仙人球怎么样了？

众学生：仙人球开花了。

贾老师：有人说，铁树千年难得开一次花。然而，仙人球开花也实在不容易。它没有叶子，花儿是开在仙人球的顶部。你们看，它开了几朵花？

众学生：三朵。

贾老师：花瓣的颜色怎么样？

学生丙：有黄色的，有粉红色的。

贾老师：它的花瓣向外边怎么样？像什么花？

学生甲：向外边舒展开来。有点像菊花。

贾老师：对，有点像盛开的菊花。花的里面还有什么？

学生丙：嫩黄色的花蕊。

贾老师：有点儿像什么？

学生乙：像细长的豆芽。

贾老师：闻闻看，有没有香味？

学生丁：有，一股淡淡的清香。

贾老师：能用一个词语来形容花香吗？

学生甲：香气扑鼻。

学生乙：沁人心脾。

上述教学过程，贾老师举重若轻，通过几个问题，引导学生从数量、颜色、姿态、香味等方面仔细观察仙人掌的花。在这样的引导下，学生写出来的状物作文就很具体，更重要的是，学生也在观察、表达的实践中掌握了学习的路径与知识。因此，这样的作文教学就好像是知时节的好雨，"随风潜入夜，润物细无声"。

最后允许我引用贾老师《作文，不算太难教》的一段话来结束本文：

小学作文并不复杂，仅是孩子"运用语言文字"的一种练习而已。紧要的是要让学生切记："表达须文从字顺，意思要清楚明白。"

我们不仅要研究"开拓题材"，更要引导孩子"事先想清楚，笔下写明白"。我们无意栽培作家，也不必苛求习作。我们要读懂孩子，欣赏学生，不做"无用功"，不摆"花架子"，在"求实"上面多下功夫。

学写作文没有捷径，唯有多读、多写、多改。假如真做到这三点，即使"无师"，亦能"自通"。好作文不是教出来的，是孩子有了生活积淀、有了对事物正确认识之后"悟"出来的。

作文，不算太难教。它是一门细活儿，需要我们做许多事情。只能慢慢来，急不得。

2015 年 5 月

拓展阅读

贾志敏：《怎样写好一个物件》（课例）

吴立岗：试论贾志敏老师的作文教学特色

有兴趣　说真话

崔永元在《我的语文为什么比数学好》中讲述了自己的一件往事：

我上小学的时候碰到一个语文老师和一个数学老师，语文老师没事就夸我。

我写的作文其实也是有套路的，就说学校运动会，我就说枪声一响运动员像离弦的箭一样，大家都这么写，然后老师就在底下用红笔画一下，打一个感叹号写着"精彩"，然后我觉得我和鲁迅差不了多少，年龄比他小，文笔差不多。

又写了两年，老师放学后把我留下来，说明天上作文课，作文题叫"我的爸爸"，或者是"我的一天"，你先写一篇，然后明天上课我给同学当范文。我就回家什么事都不干，饭也不想吃，觉也不想睡，我在那里写这个作文，绞尽脑汁地写。

写完了第二天一上课赶紧交给老师，老师就拿着说，今天咱们作文的题目是"美好的一天"，现在我先给大家念一篇范文，这个范文是崔永元写的。然后他就声情并茂念一遍，我就不用写了，同学们就照着我的样子写。我就越来越有信心，越来越觉得确实和鲁迅差异不大，起码学起来很高兴。

讲述这个故事，是想跟大家一起思索：提高小学生习作能力，最重要的是什么？这几年，我们在习作教学上花了一点时间，做了一些研究，这次又在三新学校举行"作文与做人"的专题教研活动。语文名师贾志敏先生莅临指导，在点评时肯定了顾老师的作文课，对我们提出的"重在培养学生习作兴趣"的观点也很欣赏，这都给了我们继续研究与探索的勇气与力量。

的确，习作是一个人语文素养的综合体现，不下功夫，没有兴趣，很难学得好。崔永元这样的例子可谓多矣，对一个孩子来说，掌握知识、提高技能固然重要，保持兴趣可能更要紧。倘说能力，兴趣当是学生习作的第一能力——兴趣是对学习的一种认识倾向，表现为对学习的向往、热情和专心，显然是学生习作的驱动力。

激活、呵护、维持学生习作的兴趣难之又难，须全力以赴，千方百计。这里姑且提几点想法，与各位作一次交流。

第一，学习课程标准，教学要求明确、得当。

小学生作文是"习作"，是最基本的书面表达训练，有别于"写作"，更不是"创作"，因而要求不能过高。整个九年义务教育阶段的要求不过是"能具体明确、文从字顺地表述自己的意思。能根据日常生活需要，运用常见的表达方式写作"。小学作文姓"小"，不要在知识技能上"拔苗助长"，更不宜用所谓的优秀作文标准来苛求每一个学生。

遗憾的是，这个问题比较普遍，也比较严重。在习作起步阶段，倘若老师提出"大而全"的要求，多数孩子会因"够不到桃子"而兴趣全无。这样的课堂，学生写出来的习作似乎都很具体，也不乏生动，但是只要"放手"，学生就不知写什么。最得不偿失的是，为了这"具体、生动"，学生习作的行为方式、情感态度等都视而不见，未作严格要求，如留心观察周围事物、重视修改、乐于与人交流等。这些被忽视的课标"要求"，显然决定了学生今后在习作的道路上"能走多远"。况且，也只有重视了这些，才能说作文教学不再是一种单纯的机械训练，而是"生活技术的训练——说是做人的训练也无不可"（朱自清语）。

中国古代蒙学正式习作较迟，且大多采取先放后收的训练程序。第一步是放，鼓励学生大胆想、大胆写，驰骋想象，放开言路，不受约束，以"开广其胸襟，发抒其志气，但见文之易，不见文之难，必能放言高论，笔端不窘束也"[1]。第二步才是收，到一定阶段，学生习作已有了基础，再要求精炼严谨。

兴趣优先，诸位切记！

第二，开展活动，作文教学过程化。

要审视传统的"审清题意—明确要求—学习例文—学生动笔"的习作课堂。主要问题是很多学生即使听懂了教师所讲的知识，但是依然不会用到作文实践中。原因很简单，作文能力的提升不能靠"听"懂，而是靠"写"会的。

出于这样的思考，在过去的两年里，每一次举办区级作文课堂观摩，教学内容虽不同，但都有"活动"的元素，如《难忘的一课》中的"穿越时空"的魔术，《我是一片落叶》中的"带着树叶进课堂、去旅行"，也都在明确知识技能要求的基础上，把"习作内容的指导"与"习作知识（技能）的教学"融合到一起。教切入了学的全过程，学生习作就不再是自己走"暗胡同"了。因此，上好作文课，得有完备的预设，即在明确教学内容后，从本班学生实际出发，教师设计出比较具体的、有相对固定步骤的教学流程，帮助学生真切地"感受"，投入地"体验"，深入地"穿越"，从而找到习作的光明"出口"，获得习作的有效知识。

当然，有的作文课，可以采取课内外结合的形式进行，比如四年级有《连续观察日记》的作文，三新学校一位老师就买来"长苗娃娃"摆在教室里，学生们进行了两周的观察、写话，老师再上作文课。学生兴趣盎然，乐"写"不疲。

第三，激发动机，发挥语言交际功能。

学生习作的心理规律是什么？从动机走向目的，即习作总是先有为什么表达的心理，再去考虑怎么表达。就像心理学家维果茨基所说的那样："在说每一句话、进行每一次谈话之前，都是先产生语言的动机——我为

---

[1] 转引自张志公《传统语文教育初探》，上海教育出版社，1962年，第136页。

什么要说话，这一活动的激情的诱因和需要的源泉是什么。口头语言的情境每一分钟都在创造着语言、谈话、对白的每一个新的转折的动机。"

习作动机包括概括信息、传递信息、自我表现、对别人施加影响、自我教育等。有了表达的动机，再去明确有什么要求，要做到什么，这样的学习就有的放矢，就有动力在焉。

怎样从动机走向目的？一是激发习作需求。科学的习作训练过程应该是教师先通过生动的谈话或创设有趣的情境，来激发学生认识、交往或自我实现等高层次的表达需要。二是培育作者意识。目的不同，读者对象不一样，写的内容与方法也要相应变化。三是训练完整表达。从三年级开始，就要写成篇的文章。成篇，不是强调写多少段，也不是非要讲究起承转合，而是强调学生的习作需表达一个完整的意思，能够体现交际的价值，重要的是作者真实的感受、见闻与思想。

第四，组织评讲，激励学生进步。

国外有一项研究发现，写得多未必很有效，学生写之前读什么，写之后做了什么，显得更重要。这就启迪我们，作文教学不能批完作文就了结，而是要精心准备评讲课。江苏特级教师管建刚的评讲课有两大特点，大家可以学习之。

一是重激励。学生习作中新颖独特的标题，或精准运用的一个词语，或耳目一新的某个句子，都在评讲课上展示出来；不但展示，还请小作者自己朗读，介绍经验。学生由此获得的，正是崔永元那样的"信心"，跟进的正是"绞尽脑汁地写"。

二是重进步。管老师的评讲课也"挑刺"，不过是针对全班进行，学生一起修改的都是"遣词造句"方面的"小毛病"。一起"诊治"后还提供机会，要学生"练一练"。不做"行动的矮子"，不叫学生"眼高手低"。这正源于管老师的"每次一小步""每次有进步"的语文训练意识。

前不久，特级教师徐鹄来松江，讲到自己上作文课《赞扬》时遭遇的尴尬。要求学生当堂模仿例文，写一段老师或家长称赞自己的话。这在徐老师看来人人都有话可说、没有多少难度的"仿写"，却遭到了学生们的集体"罢工"："写不出来，妈妈从来没有表扬过我！""我们老师只会批评！"

赞美如花，让它们开满学生习作的漫漫长路吧！

2011 年 12 月

拓展阅读

董蓓菲：《从两个维度改进作文训练过程的指导》

引导学生在作文中学会发现

这个学期，我有机会在中山小学上二十四节气语文课。11 月 23 日上课时，我用了四张拍摄于不用节气的橘树照片。看到身边的橘树，树上挂满了金灿灿的橘子，孩子们都有点兴奋。

我先让孩子们选一张照片写一段话。写完后，请了四个孩子交流。孩子们基本能把照片写清楚，存在的主要问题是：对花朵、橘子的姿态，特别是成熟橘子的不同姿态缺乏具体描写，对此学生好像还没有展开思维与想象的翅膀，用的话语也较为俗套。

怎么办？我想到了作文课常用的"活动体验"，刚好"PPT"里有几张橘子照，就请了几个孩子上台表演不同姿态的橘子。

六个孩子在讲台上用心表演：一个"橘子"在考虑，站得高高；两个"橘子"、三个"橘子"都在商量，一会儿，两个"橘子"肩并肩靠在一起，三个"橘子"背靠背蹲下来，紧紧挨一起。

教室里的气氛顿时变得不同。交流时，学生的感触变得丰富起来，如针对一个橘子，孩子们用这样的话语描述自己的发现与感受：这个橘子挂在枝头上，有点孤独；有的枝上只有一个橘子，它高高在上；这一个橘子自由自在；高高挂在枝头上的橘子，在风里抖动着，一定感到了害怕；有的橘子不想和其他橘子长在一起，一个人挂在那里，真是清高啊……

随着交流的深入，教室里变得热闹，准确地讲，这是一种别样的热闹——小手不断地举起，有些孩子虽然没有举手，但他们的眼神变得不同。显然，是同学的发现、同学的话语，开始激活他们的思维与想象。

这一状况在描述两个橘子以及三个橘子的姿态时同样得到了体现。原先孩子们只是写"两个橘子紧紧靠在一起"的，现在起来交流的都说"像兄弟""像姐妹"，有的说"它们挨在一起，半蹲着身子，在说悄悄话呢"，还有的说"这两个橘子真团结"。团结？我怀疑我听错了，孩子们都在为同学的发现鼓掌。这是孩子的发现啊！至于三个橘子，很多孩子感觉它们在玩什么游戏，有人说木头人游戏。但也有孩子有另外的感受，这三个橘子背靠背，是在斗气呢，还是在比谁大谁小？

真好！这样的作文课！

有人会问：谈老师，这样教作文是否多此一举？你看，树是生活中的树，学生也都能看到，干吗要颇费周折地到课堂上来观察，甚至还要演一演呢？

回答当然是否定的。

很多年前，我在吴江实验小学教作文，也总认为学生早已有足够的作文素材，因此总是把教学的精力放在范文引路与习作修改上，结果会写的学生不多，言之有物的问题迟迟得不到解决。产生作文内容的能力不具备，学生自然会"身在宝山不识宝"啊。因此，培养观察与发现的技能，是作文教学的重要任务。我想引用一下李白坚教授的一段话："作文之后当然也很重要，但更重要的是作文之前。要把作文写好，要注意哪些问题，要有真情实感，要有生活，还要会观察，做有心人。"

"会观察，做有心人"，说得多好！李教授虽然教大学，但是他的小学作文课上成了一绝，他的课受到无数孩子的喜欢。他的作文课，每一个孩子都在观察中学习着观察，学习着发现。这样，当然不愁没东西写，更不怕写不出作文了。

那么，让我们一起来探索如何让学生学会发现。

一、教观察的技能与方法，为学生有所发现奠基

"积学以储宝""博观以约取，厚积以薄发"，都是中国古代作家关于"积累"的经验概括。写作需要积累，积累包括生活阅历的积累、具体材料的积累。积累的方法是多种多样的，主要有观察、采访和文字资料积累。

观察是小学生获取写作材料的重要途径。观察是一种受思维影响的、比较有系统的、主动的、有意的知觉活动。它虽然也是一种感性认识，但不同于感觉，而是受思维影响的一种知觉活动，带有整体性、选择性和理解性的特点。因此，我们有必要教给学生观察的知识，提升学生观察的技能。

1. 树立大语文意识，观察训练始于低年级

观察不一定在写话时。字词句段的学习，听说读写的训练，都需要学生专注，因此时时处处有观察力的训练。当然，训练低年级学生观察能力的主要途径是看图说话，也包括与游戏、生活相结合的说话活动。

2. 树立全程意识，观察训练须贯穿小学阶段

观察能力的培养当有的放矢、年段有别、螺旋上升。

从观察对象来说，社会生活丰富多彩，生活中的人物、实物、环境都可以成为观察的对象。对孩子来说，随着年级升高，观察的范围要逐步扩大：低年级多从"我"的角度出发，去观察他喜欢的、想认识的事物；中年级要扩大到"我"和"我们"；到了高年级，孩子们要多观察"我"身边的世界，"我们"的世界。

从观察的方法而言，既可以事先确定对象，有计划、有目的地进行，也可以随时留心、随地观察。观察的方法很多，如定点观察、移位观察、比较观察等，需要根据年级与学生实际，做到适度有效。观察的路径也是要教给学生的。观察大体需要经历以下步骤：选对象——细观察——比较分析。

3. 树立实践意识，作文课要加强观察训练

训练观察技能的主阵地在课堂，主要方法是"做中学"。这一点在本文开始的教例中已经体现，不再赘述。需要注意的是，不同年级的作文指导课，都应该有针对观察能力的专题训练。

二、加强连续观察训练，引导学生有所发现

四年级教材中有题为"连续观察日记"的作文。有一次，我到学校听课，看到走廊里放了好多植物，绿意盎然，其中的一个长草娃娃尤其可爱，形

似倒置的椰子壳，阳光下，已有小苗钻出了脑袋，正探望这个世界。跟语文老师一聊，才知道这是孩子们"连续观察"的对象。孩子们很喜欢这样的活动，也喜欢这样的作文训练。

对作文，多数孩子有害怕之感，为什么他们喜欢这样的作文？原因大概有二。一是解决了写什么以及怎么写的问题。四年级学生选材难，怎么写也难，植物生长的过程就是写作的内容，也是写作的顺序，两大问题解决了，学生当然不再怕作文。二是超越了作文，营造了生动活泼的语文生活。这种生活，就像太阳每天都是新的一样，学生每天观察，每天都有新发现，语文和生活完全融合了。

所以，我在想，每个年级，甚至每个学期，都应有这样的一次"连续观察日记"：种子如何发芽，植物如何开花，小动物怎样成长，爸爸怎样完成一次小装修……这样的语文作业，可以较好地落实学科育人。类似"连续观察日记"这样的学习活动，价值在于为学生提供"经历"——

鼓励学生连续观察，从平常的事物中有所发现。有人批评今天的学生"看见不观察，交流不表达，告知不感知，生活不体验"，我们教育也有责任，比如连续观察不但可以完成作文，而且可以引领学生专注于此，从平常的事物中看到精彩，就像从一粒沙子看到阳光一样。

鼓励学生连续观察，从熟悉的事物中有所发现。找不到作文的内容，往往是因为学生缺乏从熟悉的事物中有所发现的能力。比如写自己家人，孩子用的材料往往比较老套，老师应该鼓励孩子连续观察，可以跟孩子一起设计系列问题，带着问题去细致观察。

鼓励学生连续观察，对陌生的事物有所探索。孩子对周围的世界总是充满了好奇，教师可以建议，孩子在家长的帮助下，去完成对陌生事物的观察与探索。比如春天的燕子何时来到上海，它们衣食住行又是怎样的，等等。

中山小学的小刘老师曾经带着孩子在立春、立夏、立秋、立冬四个节气当天，对身边的一样事物进行连续性观察。在区教研活动中交流时，他这样总结这次活动的价值：

大跨度地长期连续观察同一事物，培养了学生细致的观察力和坚定的意志力。"照片配文字"的习作形式，促使学生能在写作中实事求是，言之有物，避免空洞。学生与家长一起照顾植物或动物、拍摄景物、整理习作电子稿，密切了亲子关系。专题式的习作活动有效地调动和激发了参与者提高自身习作水平的主动性、自觉性。教师的针对性指导、班内的习作展示交流，切实提高了学生的习作能力并增强了其自信。从观察一物一景，进而留意生活更多细处，将培养学生用心地记录和体味生活的素质。

可见，连续性观察的有效载体是记日记与拍照片。

现在很多学生几乎失去了对生活的真正感知力，失去了对大自然的真正审美力，这是相当遗憾的一件事。我想，如果能够通过作文题目的引导，通过连续性观察，把孩子们逐步引向生活深处，引向阳光地带，把目光投向自己的生活与精神，以感恩、祝福、宽容、期许的心向世界问安，这样的语文教育多么有意思！

三、引导学生采访、阅读，帮助学生有所发现

采访是为作文进行的访问、调查、搜集材料的一种活动。

观察事物，单靠眼看、鼻闻、手摸等还不够，有时候需要我们张嘴去问。上世纪于永正老师做"言语交际表达训练"作文实验时，就提出"学一点问的本领"的观点。与于老师合作的潘自由教授指出，"问，不仅是日常生活、学习、工作的迫切需要，也是说话、写文章的一项基本功"，"自己没有经历过的、不熟悉的事情，当别人需要自己说、写的时候，或者自己需要了解、需要说写的时候，不熟悉的也得说，也得写。怎么办？去问，去了解。问清楚了再说，问清楚了再写"。

跟观察不同，采访是处于动态之中的活动，采访对象主要是人。采访一般有三个步骤：一是做好采访前的准备，二是进行采访，三是整理采访材料。

观察与采访都是直接从生活中获取写作的材料。但生活就像海，就像山，任何人都不可能全部亲身经历，浩如烟海的书籍也可以成为作文的素材。

1988 年我进入吴江师范就读。春天来了，操场上、花坛边姹紫嫣红，

一位姓邹的老师上课时带我们去观察，多少花啊草啊，绝大多数我们都叫不出名儿来。回到教室，老师发给我们资料参阅。我至今还记得一种美丽的小花的名字：阿拉伯婆婆纳。这是一种小巧玲珑的花，绿色的叶子，紫色的花朵，开在草丛里，像漫天的紫星星，令人过目难忘。

如果只是观察，学生能得到许多感性的认识，也会写出不错的作文。如果加上阅读，那么，学生可以得到更多的认识，尤其是写景状物类习作，如果有目的地找一些书来阅读，学生再来写是不一样的。教材中三年级要求学生写菊花，五年级也有习作是写菊花的。两个年级差别在哪里？有人说前者只要写清楚就可以了，后者则要具体，要写出自己的感受、感情。不错，那么，如何写得具体、生动？显然，离不开阅读。当孩子读书了，他就知道菊花能御寒，这是君子的品格；当孩子读书了，他就积累了关于菊花的诗句，就了解了关于菊花的故事。在这样的知识背景下，他们写出来的作文当然就不同了。

所以，我们常常说，作文也是学生认识能力的体现。这种认识能力，既需要观察、采访获得直接的作文素材，又需要通过阅读来获得前人的经验。随着年级升高，我们可以教学生进行专题阅读，有意识地积累文字资料，如进行资料摘录、写提纲、读书札记等。

观察也好，采访、阅读也罢，都是获取作文素材的好方法。观察、采访、阅读仿佛三条溪流，给孩子的发展与成长提供了活泼泼的源流，利于孩子关注身边世界，对生活进行重新发现，对自己进行重新发现。作文育人的舟帆就此起航。

2015 年 12 月

拓展阅读

于永正、潘自由：《于永正小学"言语交际表达训练"作文实验》
谈永康：《四年级〈橘子〉作文指导课实录与评析》

发表：让作文成为童年的礼物

这个冬天，并不冷。

因为各处涌动着语文教改的热潮。

二实小的陈爱君老师带着孩子们每月读一本好书；泗泾小学的陈宗明老师关注"中国式过马路"，把这演绎成了一堂精彩的作文课。

九亭二小的李梅老师告诉我，学校准备办一张小报，记录孩子读书节的生活与心得；第三实验小学的朱骋老师告诉我，每到周末，她都给一年级孩子发一篇精美的短文，让孩子回家与父母共读。

上师大附外小吴春玉老师的班级《溯湄文学报》已经一岁多了。这份报纸创办于去年9月，当时我们正在学校调研。吴老师把"增强习作兴趣、提高学习能力"作为办报的目标，别具匠心地设置了四个版面：新闻快递、中队之星、作文之旅和倚栏赋歌，集写人、写事、写景于一体，纳读诗、读文、读图为一身。一眨眼，这份报纸已办了23多期，共发表了128篇习作……前不久我读到了一位家长的信，他这样评价这份报纸："通过这一期期的报纸，我们看到了学校、老师们、同学们身边的新闻、喜讯，少先队伍的建设、发展，同学们的佳作、心声，更有语言文学和民族风俗的欣赏、品鉴，真是朴素雅致却又精彩纷呈。《溯湄文学报》潜移默化地影响着孩子们和家长们，引导着孩子们成为善良、乐观、博学的人……"

正因了这种种，我隐隐却又强烈地感受到，那刻板、枯燥、低效、无趣的传统作文课正在崩溃，那展开的新的缝隙里，有红色的改革的芽儿在勃勃生长。此时，我非常愿意为这个冬天再点上一把火：发表发表再发表，让作文成为童年的礼物。

发表，不只是成年人的专利。

只要是说自己的话，抒自己的情，谈自己的观点，无论成篇与否，也不计长短，更不分年龄，都有发表的价值。所以，小学生的习作，不是只给老师看的，更不是只要一个分数的。作文的目的，作文的价值，作文的活力，都在"发表"二字。所以，潘新和教授说："这种发表的意识，言语表现，言语上的自我实现观念，要先于写作的行为技能深深根植于学生的大脑。"[1]

江苏特级教师管建刚老师"作文革命"最大的秘密就是：创办班级作文周报，让学生的作文不断发表。用他的话来说就是，"发表，对于写作初期的人（对绝大多数的人可能是终生的），是写作最重要的内在动力"[2]。

的确，作文，语文学习中最艰辛的活儿，也应当成为最快活的事儿。生有欣喜，可以表达，与人分享；倘有不顺，情绪郁积，借文笔一一释放，又有何不好？

一、培育发表意识，让学生成为作者

最近，我们给三年级学生推荐了一本好书，叫《亲爱的汉修先生》。里面的小主人公叫雷伊。小雷伊很不幸，因为他的父母离异了，生活一团糟，学习也差。但是他慢慢地适应了，最后还过上了幸福的生活。如果你看过全书，你就知道，雷伊要感谢"亲爱的汉修先生"。

这位汉修先生是一位作家，他长什么样，说话是否疙瘩，他身上有没有故事，我们都无从知晓，因为这本书对他一字不提。整本书就是雷伊在给他写信，有时是写给"真汉修先生"，有时是写给"假汉修先生"（雷伊自己给自己写，却想象成是写给"假汉修先生"）。在信里，小雷伊什么话都要说。最初，他写的信很短很烂；后来，就越来越出色了。雷伊对

[1] 转引自管建刚《我的作文教学主张》，福建教育出版社，2010年，第162页。

[2] 管建刚《我的作文教学主张》，福建教育出版社，2010年，第162页。

待写作，就像你每天要玩要吃饭那样。

是汉修先生的存在，让雷伊觉得不再寂寞。当他有意思地一会儿给作家写信，一会儿给自己写日记，我相信，他不但有写作的冲动，而且有明确的读者，有些东西是给别人看的，有些是给自己保存的。最后他说："我不需要再假装写信给汉修先生了。我已经学会把心里的想法写在纸上。我也不恨爸爸了。我没办法恨他。"准确地说，雷伊成为幸福的雷伊，是要感谢写作的。

一个好的语文老师，要变着法子，全力帮助孩子找到那个"亲爱的汉修先生"，每次都有自己的读者对象——只有孩子成了作者，写什么以及怎么写，都像被什么推动着似的，就可以做得更好。如果你觉得作文命题难以做到这一点，那么我建议你使用《亲爱的汉修先生》一书中的 10 个问题，让孩子逐个写下来，说不定，他的"作者"意识就强烈起来了。这10 个问题分别是：

1.你是谁？ 2.你长什么样？ 3.你的家庭是什么样子？ 4.你住在哪里？ 5.你有宠物吗？ 6.你喜欢上学吗？ 7.谁是你的朋友？ 8.你最喜欢的老师是谁？ 9.你有什么烦恼？ 10.你有什么愿望吗？

二、打造发表平台，让作文流动起来

提到"发表"，老师们会为自己找一个理由：哪有发表的平台？如果有，我的学生要发表作文，也太难了！

也许发表一篇教学论文绝不容易，但是学生要发表作文，机会就多得多。我担任《小作家》编辑近两年，有的学校没有一篇来稿——没有投稿，怎么有发表？上师大附外小有个语文老师叫陈明海，每个星期我都会收到他发来的学生作文。我的爱人也在他们学校工作，每个星期这所学校都印一份"喜报"，听说陈老师每周都有好几个学生发表习作，太了不起了。陈老师不是神，陈老师的每一篇投稿，据说都是自己利用晚上、双休日打印、修改的。

所以，给学生打造一个发表的平台，难在一份热忱，一份奉献；然而，在这奉献与牺牲里，也有快乐与趣味。当你真正激发了学生发表的欲望，那么，你就有福了，你会读到这个年龄的孩子才能写出来的文字。那份童心，那些童言，那种诗意，会让人很享受。

当然，所谓的发表，其实是一个很宽泛的概念，我们做老师的，当不拘一格打造发表平台。我能想到的至少有：在班内朗读、读给亲人与伙伴听、作文墙报（每日可更新）、班级小报、校报校刊、公开投稿、建立博客微博、编个人作文集……

真正的发表，不是一时一地的行为，还应建立长效机制，引导学生自觉坚持，习惯成自然，随时留下生活的痕迹，随地记录生命的精彩，随心发表生命的感念——这世界上，总有人会欣赏。

三、利用发表契机，让作文更精彩

美国的过程作文教学是把"发表"作为作文的过程来训练的。这给我们以很好的启示，那就是：发表既然包含在作文过程之中，那么，发表就既是目的，也是手段。如此，我们可利用修改做好两件事：

一是激励学生乐改多改，直到改不出问题。老师在朗读学生作文之前，或在推荐发表之前，可以把这个打算告诉学生，然后提出修改的要求。这种情况下的修改，一般是很有效果的。另外，在初稿发表后，请学生一起修改，凡是改出错别字、病句的，每一处都有加分与鼓励。将这些集体修改与编辑工作作为一种制度建立起来，学生修改的意识与能力就会水涨船高。

二是锻炼学生的习作展示力。作文写好了，修改了，除了投稿外，要在班内交流。要在班级小报刊登，就还要做一些工作，包括适当的编辑、恰当的美工等；有时，还要反复朗读、灌成磁带，让交流更为便利、有效。这些，都可以归入习作展示力。

最近，《文汇报》用一个版面介绍了莫言。让我很感兴趣的是刊出了莫言的小学作文本。四五十年过去了，还经历了"文革"，莫言居然还保留着这些稚嫩的作文，为什么？姑且猜测，这大约是童年留给莫言的最好的礼物吧？

问自己，能不能让每个孩子都在毕业前，至少发表一篇作文？

我们有理由相信，会有无数的孩子，将终身铭记这一次"发表"！

2013 年 1 月

拓展阅读

管建刚：《作文革命——十大"作文意识"谈》

韦志成：《作文教学的主体发表律》

作文教学"四有"

有一次市里活动，教研员薛老师说，工作近十年，听课无数，但听作文课历历可数。作文难教，由此足见一斑。

我很幸运，仅开学至今就听到了3堂作文课。

听到的第一堂作文课由上外松外张丽花老师执教。当时，张老师与北京特级教师吉春亚同台亮相，吉老师对他予以充分肯定。这堂课的教学内容是大家熟悉的三年级第一次作文《小猪学样》。三年级学生最不怕写的就是看图作文，因为以前练得较多。这堂课有两点出乎我意料。第一，学生学习效率之高超过了我的想象。35分钟，教师细致地指导学生边看边说后，学生还完成了习作的撰写与交流。第二，张老师充分运用量规来指导学生习作。本学期下发的《小学习作训练》为教材中的作文训练设计了量规，张老师根据班级实际做了一点修改。这堂作文指导课在如何使用量规上做了很多尝试，不但在动笔前就出示，而且在学生写作过程中，包括修改、交流时，都有应用。课后，张老师说，看到区本教材上都有量规，自己就很感兴趣，做了尝试。我对她说，这堂课学生对如何写、如何修改非常清晰，关键是发挥了量规的作用。张老师不愧是一个成熟的骨干教师，一下子就把握了基于课程标准的习作教学的灵魂。

另两堂课在区域教研活动中由中山小学老师执教，分别是工作一年的刘金丽老师和工作了两年的刘钦腾老师。两位老师很年轻，敢于尝试，勇于否定旧我，最后都成功了——学生在40分钟的作文课上基本完成了一篇习作，课堂上，学生学得很开心。两位青年教师的成功再次说明：

能不能上好作文课，并不取决于教龄长短。重要的是你具备怎样的教学理念去实施作文课程。

要调动学生的情感与动机。如是，方有可能转变作文课的沉闷乏味与高耗低效。这两堂课都大胆地让学生玩游戏，课堂上笑声不断。活动的内容就是习作的内容，这样，既解决了写什么的问题，又解决了习作的兴趣问题，学生感到不难写，能够写好。

要重视全程指导。以往学生写完作文后就交给老师，老师批改后再组织评讲活动。由于间隔时间较长，评讲活动往往草草了事，效率不高。这两堂课都留了比较充裕的时间，请学生读自己的习作，老师组织大家围绕量规各抒己见，既提出建议，又肯定进步。这样的教学使学生经历了"构思—动笔—修改—交流"的习作全过程。此时，习作成了学习的资源，大家在交流中巩固知识、发展技能。

三堂课，内容不同，但正好涉及三、四、五年级，且都与近年习作教学改革精神相吻合。这里要说到我们用两年时间编写的区本习作教材。这本教材凝聚了我们众多优秀教师的汗水与智慧，在 9 月进入区域全面实施阶段后，很多老师反映，只要看教案，就能进教室，这本教材很实用。要用好这本教材，需老师们领会"四有"：

1. 学，有明确的知识

知识要求明确，即依据课程标准相关年段要求，每次习作训练都要安排习作知识或技能要求，力争做到科学、精要，同时注意知识的必要反复与螺旋上升。比如三年级《操场上的笑声》与五年级《难忘的一刻》都要求写心情，前者只要求写出快乐即可，后者则要求用多种手法写出心情的变化。

2. 学，有一定的兴趣

小学生习作重在兴趣。一是严格按照课标要求，不随意拔高习作要求。二是设计的习作课一般都要安排观察、表演等活动，把习作内容的指导与习作知识的教学糅合在一起，让全体学生学得轻松，学得有效。

3.学，有语言的迁移

模仿是学习语言的有效手段。语文学习中，学生要多读书，教师要着力培养学生积累、运用语言的意识与习惯。同时，每一次习作训练都要强化"习作积累"，涉及常识、语言、思想等。学生的积累不宜照搬硬套，但须多加鼓励。

4. 学，有自主的过程

自由与纪律是相辅相成的。为了提高作文课的趣味与效度，多数习作训练统一了习作内容，对学生有一定的限制。我希望课堂习作中，我们能充分利用量规，帮助学生构思、修改、发表，提高"自能作文"的能力。同时，在指导学生课外习作时要多放手，给予学生选材的自由，发挥学生的积极性和创造性。这学期，我们正在开展征文活动，就是配合课堂作文，鼓励学生积极运用课堂所学知识、技能，自主选材、个性写作，获得成功。

习作是孩子学习语言的一项练习，也是学习做人的一份记录。学会作文，就是掌握了打开幸福之门的一把金钥匙。

在写作此文的过程中，我获悉莫言获诺贝尔文学奖，倍感振奋。莫言没有读完小学就辍学了，但是他在作文课堂上多次获得表达的快乐与幸福——语文老师经常把莫言的作文当成范文在全班朗读。所以，亲爱的老师啊，我们今天的作文课堂上，可能就坐着下一个莫言。当然，比这更重要的是，让我们把幸福的金钥匙交到每一个学生手中！

2012 年 10 月

拓展阅读

于永正：《于永正老师〈考试〉作文教学实录》
贾志敏：《贾志敏老师教〈校园的一角〉》

让每一个孩子都喜欢作文课

又到岁末年终，想说说我们的作文教学。

这学期我听了不少作文课，有全国比赛的，更多的是我们区老师上课。上外松外的小学高级教师教学评比人人上"表达课"，大家一起在作文上攻坚克难，真是让人感动。我还在九亭小学、九亭二小、中山小学、泗泾小学、第二实小等学校听了作文课。由于观评课工具的介入，我得以关注到个别学生的表现。一位借班上课的老师课前问三年级学生："听到写作文，你会怎样？"一个男生的回答是"喘不过气来"。课后，我找到这个男生，询问他这堂作文课后的感受，他说："很开心，喘得过气来了。"

如果在 4 年前，我根本不敢想可以听到这么多作文课，更不会想到会有孩子说作文课让他"喘得过气来"。

最近《小学语文教师》组织的"全国新体系作文教学大赛"中，我区的沈君老师、田春玲老师荣获二等奖。11 月底，从市里传来喜讯，上师大附外小的吴春玉老师主持的《"纲要信号"图示法在小学三年级作文教学中应用的研究》被批准为上海市青年教师课题。

越来越多的老师开始感受到，我们松江的小学作文课正发生可喜的变化。

为什么有越来越多的老师要上作文公开课了？为什么我们的孩子开始喜欢作文课了？我能想到的首先是我们对作文价值的思考。在 11 月的作文专题教研活动中，我们提出"作文，就是一种生活"的理念。"语文"的确是字词句篇，是语修逻文，是一本本的教材，一次次的练习……但它又是飞扬的笑脸、滴落的泪珠，是生活的镜子、心灵的窗户，从诞生的那一刻起，它是鲜活的、灵动的，它无处不在，无时不在……所以，孩子学习写作，也是学着过一种充实、积极、自由、审美的生活。

基于此，我们认为作文课理应充溢生活的气息，作文学习理应跟孩子的事物认知、情感体验和精神交流有机融合。于是乎，让"每个孩子都喜欢作文课"成了我们的追求。

这几年的教学与研究，让我们相信这样的作文课至少具有如下特点：

一是针对"假作文"（材料虚假、内容编造等）现象，努力创设真实的语境。

学生习作，应该是"有所为"，即使是课堂作文，应该让学生有明确的写作目的与写作对象。于永正老师在鼓楼小学带作文实验班，为了帮助孩子，他组织了丰富多彩的活动，其中一项是：跟郊区一所学校的孩子通信。太妙了！你想想，每过一段时间，这个班级的几十个孩子，就眨巴着眼睛，寻思着跟乡下的孩子说些什么。洁白的信纸上，也许写下了自己的长相与爱好，也许描述着学校的美丽、家庭的和睦，大约也会交流彼此的秋游与活动……有了读者，有了交流的对象，作文还是原来的作文，还是在写人记事，还是在写景状物，但孩子们得到的就不只是一个分数，而是彼此的如见其人，如睹其物，如临其境。哲学家说，人是社会关系的总和。是作文，沟通了人与人。古人云："独学而无友，则孤陋而寡闻。"见闻与信息，是生活给予孩子的一个个红苹果，当他们学会了作文，彼此交换，尝到的就有很多味道。与人交流，就好比早晨打开门窗，空气保持流通，这样的生活才是新鲜的、健康的。

二是遵循儿童学习心理及作文规律，实现过程与结果双丰收。

任何学科都有内在规定性，教学生作文，就要符合儿童心理，也要遵循写作的一般规律。作为老师，我们要在这两者之间寻找合适的"中间地带"，让每一个学生都能从中起好步，帮助学生穿越作文的暗胡同。

我们笃信，我们的作文课堂能够帮助学生做到这一点，因为它有这样的特点：

1. 帮助学生形成典型表象

学生习作最大的困惑是什么？写什么。世界之大，无奇不有，可是如果找不到合适的要写的事物，学生就不可能产生表达的需求与冲动。

写作，总是先有"物"，而后有"辞"，这是作文的一般规律。因此，作文教学的第一大事是帮学生找到要写的东西。这种能力需要针对性地教，如果只是进行所谓的"审题"与简单的"交流"，就很难解决问题。章熊先生说："只有在活动中掌握写作的技能，才能形成写作的能力。"我们的作文课，意在通过活动，帮助学生形成典型表象：橘树上的橘子、奶奶把包子层层包裹起来的细节……都让学生发现了"生活中的作文"，也经历了"作文中的生活"。日积月累，学生在积淀无数典型表象的过程中，也慢慢地学会如何"发现"与"运用"属于自己的典型表象。

2. 帮助学生顺利实现转化

心中有"象"——要写的事物，学生也可能产生"骨鲠在喉"、不知如何写的困难。根据苏联鲁利亚等专家的研究，学生要完成一篇像样的作文，至少要经历三重转化：

第一重转化：从思维到内部言语的转换。学生要将思维中想要表达的内容挑选、固定下来，常常运用"语言点"的形式，这些"语言点"就是内部言语。

第二重转换：从内部言语到口头言语的转换。要把固定下来的语言点形成完整的句子表达出来，这时既需要丰富的语言储备，又需要准确灵活地使用词汇。

第三重转换：从口头言语到书面言语。口头与书面表达虽有部分重叠，但并不完全相同，加工充分、质量上乘的口头言语直接成为书面表达，而不符合要求的则要再返回内部言语，进行增删、更换、修饰等再加工。

因此，作文课堂在组织活动或情境对话后，一定要有一个让学生先说再写的过程。这一点对小学生尤其重要。因为他们在学习基本的语言表达技巧，借助"说"可以顺利实现转化。当然，这也体现了班级授课制的优势，认识、情感以及言语表达的分享与交流，是作文课充满生命活力的表征与保障。

3. 帮助学生历练写作方法

作文的方法大多是常识，比如积累材料啊，遣词造句啊，谋篇布局啊。这些方法，教师讲，学生知道；教师用文章教这些知识，聪明的学生领悟了，能写出好作文来，但是多数学生不能掌握、运用，唯有带着学生一起做，才能保障所有的学生都能从"学过"走向"学会"。所以，我们通过量表的研制，通过活动的设计，每次习作解决 1~2 个重点知识，这些知识的学习融汇在课堂活动中。学生经历了活动，也就是历经了对知识的感知—理解—内化—运用过程，获取了写作经验，提高了写作能力。需要提醒的是，我们强调习作方法的获得要在实践中历练，跟大量阅读并不矛盾。我们反对只要求学生多写，却不予以针对性的指导，放任学生在暗胡同里走来走去。相反，学生写作文也要多读书，多读可以提供作文的内容，可以激发写作的灵感。国外研究表明："多读"比"多写"对学生写作能力的提高更有效。

4. 帮助学生即时交流分享

作文是学习语言文字运用的过程，也是与人交流的过程。这就从本质上决定了作文课应该"活"起来，要写的内容可以交流，写作的思路、方法可以交流，甚至运用哪个词都可以交流。作文课上的"交流"，包括了口头与书面两种形式。通过说与写，训练清晰、具体乃至生动表达的能力，实现从内部言语到口语与书面语的转换。

从目前的教学实际来看，有两个环节的交流我们要重视：一是课堂活动后的口头交流，可有效排解部分学生看到了却不会写的困惑；二是作文完成后的交流，除了跟同桌、同学交流，还可以在更大范围内交流。有不少老师都办起了小报与博客，学生通过交流获得习作的快乐与成就感，写作成了生活幸福的一部分。这里建议我们老师多创设机会，让不同学习层次、水平的学生都有机会"发表"。发表，主要解决教师指导不了的好学生的再发展问题。

让每个孩子都喜欢我们的作文课！让我们一起努力！

2014 年 12 月

拓展阅读

谈永康：《建构"活动—交流"教学模式 帮助学生实现"三重转化"》

郑桂华：《"想明白"与"教清楚"——谈小学写作教学的应为和可为》

让每个学生都学会写"这一篇"作文

让每个学生都学会写"这一篇"作文，是我们"真作文"教改探索的重要理念之一。

"每个学生""这一篇"是核心概念。

所谓"每个学生"，即班中100%的学生，做到"一个也不能少"；所谓"这一篇"，是这一次作文课必须完成的教学目标。这个目标需明确、适切，更重要的是，这个目标必须精要，一般是由1—2个习作知识支撑的作文力。

每个学生都会写，这是素质教育的题中之义，自然更是作文教学的"底线"。如果经过九年义务教育学习，一个学生还不能具体明确、文从字顺地表达自己的见闻、体验和想法，这是语文教学的失败，更是今日教育的失责。

为什么还要强调会写"这一篇"而不是"这一篇"作文？

我们用"这一篇"来强调两个意思。第一，"这一篇"作文独有的作文知识与技能。对要学习的知识、技能来说，这次作文训练可以给学生提供最佳平台与最好机会，具有不可替代性，其他作文训练往往无法或不能有效完成。第二，学生通过"这一篇"作文的学习，掌握"这一类"作文的写作。以四年级《我做成了 ＿＿＿》的课堂作文训练为例，我们从课程、教材要求出发，结合四（1）班学生作文实际，把本次习作目标定为"用一系列动词把做成手工艺品的过程写具体"。这训练涉及记叙力、描写力，通过训练，学生学会了，他们就不但会写"我做成了不倒翁"，也会写"我做成了笔筒""我做成了布娃娃"等，还会写"我会洗碗了""我会打乒乒了"诸如此类有连续性动作的作文。我们把这一学习过程称为学会写"这一篇"。

学会写"这一篇"的意义是不言而喻的。学生从三年级起开始学习作文，小学阶段有 3—4 年时间（有五年制小学与六年制小学两种学制），如果每学期都有 8 次课堂作文训练，按照每次作文都要学会写"这一篇"的要求，那么，我们的学生到小学毕业，每个人至少都会写 48 篇到 64 篇不同的作文。可以说，一个孩子经历这么多次的作文训练，达到语文课程标准的要求是没有任何问题的。

这就是我们提出"让每个孩子都学会写'这一篇'"的教学理念的逻辑。按照这样的思考，我们对上海小学 3—5 年级语文教材提供的作文训练进行了筛选，从中选出 36 个作文题（涉及写实、写虚，每学期 6 个，另 2 次作文训练由教师根据班级学生实际自主选择），组织数十位骨干教师，一起研制了体现年段特点的作文教学目标，供老师们教学时参考借鉴，由此保障了学生作文学有台阶，呈现螺旋上升的良好态势。

当然，作文是观察、思维、想象等一般能力与审题、选材、表达、修改等较高级能力相结合的学习活动，每次作文突出 1—2 个重点训练目标，并不等于不要其他的知识与技能。一般来说，后者处于从属地位，而且多数属于知识的巩固与技能的反复。如以语言表达为例，学生的每篇作文一般都有错别字、病句等，除了共性问题，教师一般进行个别化指导即可。

2014 学年第一学期，我们在上海市松江区泗泾小学四（3）班（普通学校的普通班级，48 名学生）进行了实践尝试。我们选用的是教材中的作文题——《我做成了 _____ 》。

这次实践分为两个阶段：

第一阶段：老师带着学生学会写《我做成了不倒翁》。

我们首先确定的是评价标准，即教学目标：用一系列动词把做手工艺品的过程写具体。任课老师经过认真慎重考虑，选择了做不倒翁，理由是学生很喜欢，而且容易成功。老师提前作为回家作业，让学生回家做不倒翁；第二天语文课利用 10 分钟左右，每个学生都做了展示。从现场看，每个孩子都做成功了。孩子们彼此欣赏，有的还简单交流了自己的做法与感受。接着，老师用15分钟左右的时间，请学生回忆，口头交流如何做成不倒翁的。在这个过程中，老师请了几位学生，进行了较为详细的指导，板书出现了不少动词和修饰性的副词。之后，老师请学生利用板书，口述如何做不倒翁，并指名在全班进行交流，师生一边听，一边即时提出修改建议。之后，老师让学生写作，学生完成大作文后又进行了交流、修改。从批改看，每位学生都达到了教学目标。

第二阶段：学生试着自己完成《我做成了_____》。

星期五，老师布置了同题作文《我做成了_____》，要求学生动手做自己喜欢的手工艺品，鼓励学生做得跟别人不一样，可以让家长一起参与。然后写成一篇作文，下周一交作文和手工艺品。作文的要求跟大作文完全一致，即用一系列动词把自己怎么做手工艺品的过程写具体。

次周一，48名学生带来了48样手工艺品：笔筒、花篮、机器人……48名学生也带来了48篇作文。任课老师批改，惊喜地发现：所有学生都达到了"用系列动词把过程写具体"的要求。这是任课老师事先确定的三类学生（作文水平呈现好、合格与需努力）这两次作文的基本情况（达标后的括号内数字为学生习作得分）：

学生	课堂大作文			课外小作文		
	习作内容	能力达标	作文字数	习作内容	能力达标	作文字数
A等学生1	我做成了不倒翁	达标（94）	500	我做成了风铃	达标（90）	400
A等学生2		达标（90）	390	我做成了笔筒	达标（92）	415
A等学生3		达标（94）	355	我做成了爱心沙袋	达标（92）	390
B等学生1		达标（88）	430	我做成了笔筒	达标（90）	370
B等学生2		达标（88）	385	我做成了笔筒	达标（90）	475
B等学生3		达标（83）	370	我做成了小灯笼	达标（90）	530
C等学生1		达标（80）	385	我做成了笔筒	达标（70）	310
C等学生2		达标（80）	280	我做成了皇椅	达标（90）	430
C等学生3		达标（87）	370	我做成了笔筒	达标（86）	445

跟课堂作文比较，周末作文最大的不同是内容丰富多彩。让我们在这里全部罗列一下：做成了笔筒的有 18 名学生，做成汽车模型、橡胶动力车、风车的各有 2 名学生，剩下的 24 名学生分别做了风铃、爱心沙袋、小灯笼、桌椅、鳄鱼相框、毽子、烟灰缸、小老鼠、矩尺、花盆、餐巾纸盒、笔袋、垃圾盒、乐器、十字绣、玩具小汽车、迷你沙发、机器人、高尔夫球道、花篮、坦克、风力小汽车、头箍、彩盒子等工艺品。

任课老师将这些作品，还有作文全部在班级里展示出来。教室里琳琅满目，学生互相欣赏，分享自己的劳动与创意。

让每个学生都学会写"这一篇"活动后的思考：

这次活动可以用两句话来概括：课堂作文跟着教师"学一次"，课外作文自己试着"做一次"。"学一次做一次"是我们"真作文"教改落实"让每个学生都会写'这一篇'"理念的实践策略。

本次习作通过训练，让学生用系列动词把制作过程写具体。传统的作文教学一般只在课堂上教一次，学生写成了作文就宣告训练结束，有的课堂还简单地采用"老师讲，学生听"的方式，因此学生对某一知识或技能的学习与掌握有问题，不到位，写出来的作文也不符合要求。这样的作文教学，学生往往学得很累，写得也很痛苦，不改革就没有前途。

教育心理学研究表明，技能训练必须多次反复才能掌握，习作力也不例外。因此，我们采用短时间内学生至少写两次的方法来保证学生学有成效。在学生两次写作时，教师要讲方法，讲策略。

"学一次"时降低难度，注重激发兴趣，人人会写。

"真作文"课堂作文，一般采用活动体验、情境激活的方式，不在习作内容上设置难度或拔高要求。上述提到的《我做成了不倒翁》的作文，全班同学都写同一件事，这样做至少有如下好处：学生有内容可写，审题的困难、选材的困难就没有了，他们就可以聚焦"这一篇"习作的知识、技能点，学习心境就容易轻松从容；习作内容基本统一，教师可针对教学目标，有效展开有的放矢的指导，包括搭建学习支架与台阶；这样的作文课，师生围绕同一个内容，容易突破作文的难点，即"转化"环节。

如何把做成功不倒翁的过程转化为口语，口语又如何转化为规范的书面语，书面语又怎么走向准确、具体，都可以在说话交流与修改交流环节阶梯突破。如果不是同一内容，教师的指导往往难以照顾到"每一个"孩子。

"做一次"时放开手脚，学生自主行动，人人实现迁移。

课外作文放开学生手脚，注重学生自主性的发挥。教师布置作文题时给予学生选择的自由，做什么工艺品，怎么做，都由学生自己做主，自己完成。因此，做手工艺品对学生来说虽有难度，但给了权利，也就给了信心，更给了学生极大的空间——水平高的可以做精品，一般学生做成功就好。由于亲自参与，有了动手做的过程，学生写起来并不累。由于教师淡化了对作文的全面凭借与要求，只要学生用准确的动词写好过程，因此，学生着力选择系列动词，虽有难度，但"跳一跳摘桃子"，课外作文就成了新学技能迁移的过程。所以，一些学生的课外作文往往比课堂作文要具体，比如我们上述表格中列举的 9 位同学有 6 位的课外作文长于课堂作文，其中 4 位 B、C 水平层次的学生的课外作文字数大大增加，学生对"学一次做一次"课外作文的兴趣由此可以管窥。

我们发现，如果说课堂作文是较为纯粹的知识或技能学习，那么课外作文就时时处处都有综合性学习的味道与机会。还是以上述列举的 9 位学生为例，我们发现他们的 9 篇课外作文中，几乎每一篇习作都写自己遇到了困难，然后自己解决了问题；我们还发现，有些孩子很会利用周围的力量，比如有 4 个孩子都在作文中写自己得到了爸爸妈妈等的帮助和表扬。因此，小结孩子的作文实践，这样的课外写作过程，就不但是写一篇作文，而且是学习如何做好一件事情。学生不但是在实践中巩固了新学的作文知识，同时也完成了一次做人的学习。我们由此真正看到了：作文，是学习运用语言文字的过程，也是记录如何做人的过程。

反思这一次作文实践，我们觉得实施"学一次做一次"的教学策略时要注意以下几个方面：

技能是桥梁。课内外作文有练习，桥梁就是本次习作的知识与技能的学习重点。课外自由作文由于内容自选，难度有所提高，因此教师千万不能再在语言学习上提更多要求。建议实施"一次作文两个分数"评价，即评价课外作文的主要标准是本次习作知识、技能要求达到否，达到了，就应该给满分；第二个分数的标准由教师根据班级学生实际而定。这样的发展性评价，对学生学习作文，有明显的正能量。

情感是关键。习作的学习始终是语文教学的重点与难点，一项习作知识或技能的学习需要一个过程，小学三年级起语文课程大约在每周6节，在教学时间相对有限的情况下，必须提升学生学习的质量与效益，其关键是激发学生的学习动机，呵护、维持学生的写作兴趣。因此，我们提倡两节课的课堂作文教学要降低审题、选材难度，多采用活动体验形式，既能保障学生人人会写一篇作文，又让每一个孩子都喜欢作文课。在情意推动下的习作认知学习往往事半功倍，而且可以向课外延伸，利于学生写好课外作文。课外作文只是鼓励学生内容自选，语言表达方面的要求只有一项，就是课文作文的要求。这样的任务驱动学习，学生容易接受，而且容易做好。

交流是保障。小学"真作文"教改始终认为，小学作文教学实现突破的前提是构建学习共同体，每一个同学既是作者，又都是读者。无论是课堂作文还是课外作文，教师都要为学生分享彼此见闻、体验和想法创建平台，要为学生说话交流、作文修改、语言发展提供机会，让学生这一宝贵的学习资源能够利用起来。因此，课堂作文围绕同一个活动或事情，学生间的即席交流可以让每个学生都想清楚、说明白；课堂作文的修改、交流可以让每个学生写清楚、写具体，顺利甚至高质量地完成本次任务写作；课外作文人人都是读者，让每一篇作文都有展示的机会，会推动学生在课外克服困难，想方设法借助家长等多方面力量，做好语文学习。

习惯是终点。掌握作文的知识与技能，是作文教学的直接目的，再往前走，是帮助学生养成正确、良好的学习行为。对学生来说，听说读写等语文学习行为，最难的是作文。作文的过程包括了情思的触发、题材的选择、内容的筛选、语言的表达、修改与交流等。毫无疑问，课外作文是更接近真实写作的学习活动，因此也更有利于学生种种学习行为习惯的养成。良好的作文习惯，一定跟生活紧密联系，一定跟学生的做事、做人紧密联系，因此，"学一次做一次"的作文尝试，是小学真作文教改须坚持的行之有效的策略之一。

2015 年 9 月

拓展阅读

张化万：《寻找适合儿童的习作——我和活动作文 30 年》

张化万：《破解小学作文教学难的三剂良方》

激活主体性：精批略改多评讲

利用寒假整理学习与工作资料时，看到一份来自教研组长们的问卷信息，不少老师都希望我们在作文教学研究上再接再厉，继续深入研究。其中有老师提到，作文批改与评讲是个难点，这方面的课难以听到，希望大家能多交流分享经验。

2014年3月25日，上海市第三期"双名工程"名师培养基地小学语文一组在中山小学开展"让学生真正具有会学的能力——'学理取向'的小学语文教学改进研究"活动。中山小学曹伟珍老师针对课题《小学生"习作笔记"的范式和运用》，对作文教学中的四个"忽视"，"习作笔记"运用的流程、策略、课型等作了介绍，并作了笔记应用交流课的展示。其实，这也是一堂新型的作文评讲课，因为曹老师的备课基于批阅学生习作笔记，教学的重点也是解决学生在习作笔记中暴露的表达问题。

众所周知，作文教学是一系统工程，其质量与效益取决于教与学的主体能否都发挥作用。当前作文教学，包括批改与评讲都存在一些问题。从学生学习角度而言，激活学生主体的积极性、创造性应当是重点，我们老师就要考虑保障学生有充分的学习时间；就批改、评讲而言，要让学生在教师引导下有较为完整、充分、有效的修改、完善过程，因为学生的主体地位只有在实践活动中才能得到确立，学生的作文能力与创造性也只有在实践活动中才能得以发展。

作文评改包括批改、评讲两个方面。从作文教学的实际情况来看，作文评改往往对症下药、有的放矢，做得好就比作前指导有效果。管建刚老师的"作文教学革命"就是在这一方面取得了突破，形成了经验。从教学实践与研究出发，我以为要激活学生的主体性，可以尝试"精批略改多评讲"的教学策略。

先说"精批略改"。

许多老师在批改学生作文时十分精细认真，既能积极肯定学生作文中细微的优点和小小的进步，也不放过诸如用错标点符号、誊写格式有误这样的小毛病。应该说这些老师是很有责任心的，具备引导学生再修改提高的水平和能力。但现在有些人反对这样的"精批细改"，认为教师积极性很高，学生的积极性却越来越低了，提出学生"看到'满堂红'就皱眉头，看见惹人人注目的大叉叉就反感……"

笔者并不赞成教师"只问耕耘，不问收获"式的评改，更反对"少批"或"不批"就是对学生的民主教育。后者显然缺乏辩证的思考——教师的批改，无论精细或粗略，只要能促使学生主动修改，那就是有效的教学，也理应成为我们追求的境界。我们不应忽视，小学作文评改面向的是练习作文的孩子，他们学习语言需要课文这个范本，那么学习修改岂能离开范例，为师的又怎么可以随他们自己改去？叶圣陶先生曾"亲自逐字逐句地批改"了肖复兴初三时写的一篇作文（北京市少儿作文比赛的获奖作文），使复兴感到在"写作道路上迈出的脚步方才比较扎实一些"。因此在儿子肖铁学习作文时，肖复兴也"觉得应该像长辈待我一样，将一份诚心、耐心给予孩子"。在《我教儿子学作文》一书中，就有一辑收录了他具体帮助儿子修改的作文范例。给学生做个样子，让他们有法可依，我想小学语文教师是应该精批略改的。

既然提精批，又提略改，是否矛盾？笔者认为精批与略改是辩证统一的。"精批"并非就是一味地"多改"，而是尽可能地找出学生作文中的优点和问题，给予恰当的奖赏、指导、点拨，"改"的工作尽量交给学生去做。这样就可以比较好地保护学生的自尊心和自信心，使他们愿意去改、能够会改。具体批改时要注意以下几点。

第一，要有启发性，引导学生动笔。

理想的精批略改应该是这样的：老师的一个符号、一句评语，都能引起学生的思考，这样的批改不会满足于指出问题，即使打上"？"，也明确要求学生提起笔来。"这句话不通，请改通顺""这儿如加上心理活动就更为具体了，请把你当时炒菜时的感受写进去""你的开头总是太长，入题慢。请你品味品味《落花生》《燕子》，还有课外的许多散文佳作，思考怎样开门见山，让开头引人入胜？并体现在自己的作文中"……

第二，要评文，也要评人。

更多的时候，我们总有意无意地把作文看作是一项技能，因而批改的重点总在遣词造句、谋篇布局上。如此"只顾到学生作的文，却忘了作文的学生"（叶圣陶语）。我认为再详尽的批改也是不完善的，甚至可以说是无效的。学生作文的兴趣、态度，他们在作文中反映出来的思想认识等，教师更要"精细"地辅导、指导、矫正。所以，对作文慢的就求"快"，对性格急的就求"稳"，对懒于观察的就求"勤"，对疏于构思的就求"活"，对敢于创新的就求"准"，等等。不唯如此，对学生暴露的思想问题应不听之任之，而是及时教育，给予正确的引导。

第三，适当减少批改次数，追求批改效果。

"精批略改"还包含着这样的意思，即遵循实效性原则，适当减少教师精批的次数。现在不少班级都有五六十个学生，教师的时间和精力都是有限的，每个学生的每一篇作文都要精批是不可能，也是没有必要的，更何况多批不等于精批。减少教师的批改负担，是为追求效率，把他们的精力和创造力集中到几次批改上。建议一个学生每学期精批 2—3 次，上下学期至少都轮到一次。其余的作文批改则比较粗略，教师的这几次精批以一当十，收到事半功倍的效果。我把它称为"综合性会诊"，所以批改的要求也比较全面，字词句方面的，思想态度方面的，既给予激励又明确问题，而且指出改正的方法和努力的方向。接下来的几次略批，基本上就是围绕由综合性会诊确定的一两个修改重点展开，力求"药到病除"。实践证明，这种做法是可行的，且效果显著。

第四，给学生成功和快乐。

一个高明的语文教师在批改作文时，不会老做医生，也不做难服侍的婆婆，而是像一个园丁，不光注意到剪莠除草，更注意到按时施肥浇水，帮助幼苗迅速地发育成长。每个学生在原有基础上的发展，哪怕是点滴进步，他都会欢欣鼓舞，大加褒奖，"这个词用得妙极了""这句话把……写得十分具体、形象""你这篇作文词通句顺，我为你的进步高兴，愿你再接再厉"，如此等等，学生读之身心愉悦，能真切地感受作文的快乐。教育家赞科夫说过："教学一旦触及学生的情绪和意志领域，触及学生的精神需要，这种教学就能发挥高度有效的作用。"作文批改中这种效应尤其明显。评讲中也要注意这一点，两者结合效果更好。

再谈"多评讲"。

多评讲，就是尽可能地增加评讲次数。没有评讲，或者"走过场"，是造成作文教学效率不高的一个重要原因。事实上，评讲是学生作文能力持续发展的一个新起点。因为学习受反馈推进的原则已是心理学界公认的一个教学原则。评讲多多益善。只有多评讲，学生才会尽可能多地接受反馈，对自己的作文及时"扬长救失"；只有多评讲，才能多鼓励，满足学生的学习成就动机。因为"无论这种奖励多么诱人，如果不能经常有可能得到的话，对行为是没有什么影响的"（见施良方《学生认知与优化教学》）。也只有多评讲，师生才会共同创造平等、民主、合作的氛围，学生就会在这种自由、自在、自觉的空气中激活思维，焕发创造活力，从而获得作文和人格的双重发展。

多评讲的一个必要前提是尽可能多地接触每一个学生的作文。每学期规定的大小作文也就在 16 篇左右，这 16 篇作文老师指导的成分较多，一定程度上限制了学生的自由发挥，一些学生的作文潜力很难被老师发现。所以可以开辟以自由练笔为主的"循环日记""随笔作文"等，这样就拓宽了评讲的天地与资源，越来越多的学生有了可圈可点可评的作文。为了使"多评讲"收到应有的效果，要做到：

第一，上好评讲课。评讲课是专门针对大小作文训练的，必须上好。

（1）多说好话。多说好话可以使学生肯定自我，激发潜能。考虑到每个学生都有被重视（关心、肯定）的渴望，所以不但要表扬好学生，更要肯定中下学生的进步。越是作文基础不好的学生，教师的表扬越要真心实意，大张旗鼓。一名学生在一学期中至少有一次被肯定的机会，使他感到他在老师、同学心目中是有分量的。

（2）共性问题师生共同修改。全班的共性问题，最好提供要修改的典型，在学生独立思考的基础上由老师和学生一起修改。教师们往往直接选用某一学生的作文作为典型，供大家"解剖"。这是对学生不尊重的表现。我的经验是自己动笔编典型。比如三年级上学期一次写景作文，学生的语句比较完整，但普遍不够通顺，于是挑选了几个学生的作文，把他们的作文加以整合，自己"组成"了这样一个典型："一走进门口就闻到香味，原来是菊花开了，有的菊花开了，还有的菊花没有开。月季花都开了。"师生经过热烈讨论，最后不但把病句改通顺，而且改优美了。不妨抄录如下：还没走进公园，我就闻到了一缕清香，原来是菊花开了。菊花竞相开放，千姿百态，有的像精致的小碗，有的像圆溜溜的绒线球。它们在风中翩翩起舞，好像在欢迎我们。月季花也开得很热烈，似乎要跟菊花比美。

第二，抓住时机多评讲。学生写得多了，不可能都在课上评讲，教师就要抓住一切机会。

（1）如果批到好作文或有进步的作文，就随时拿到教室里跟学生一起分享。有时利用语文课上的一两分钟时间，有时是下午上课前五分钟，让学生读读作文、谈谈感受、议议问题。

（2）当面个别评讲。这样的形式可随时随地进行。师生沟通及时、真诚、充满理解，因而效果良好。

精批略改与多评讲是相辅相成的一个整体，前者需要后者去发挥作用，后者则以前者为源泉。精批略改多评讲追求的是教师的主导作用和学生的主体作用的和谐，教师从裁判席走向与学生平等对话，致力于学生"自改"的积极性、独立性和创造性的培育，因此这是将教师评改的心血汗水，不停地流进学生的心灵深处，让他们主动发展、自能作文的过程。

2016 年 2 月

拓展阅读

肖复兴：《课文是怎样炼成的：名家教你改课文》

朱泳燚：《叶圣陶的语言修改艺术》

让每一位老师都不怕教作文

语文老师怕上作文课，既奇怪又不奇怪。

著名的作文教学专家吴立岗教授就说过："写作教学是个老大难问题，课标无地位，教材无文本，教学无序列，学生无兴趣。"这是其一。其二，我们对作文课研究不多，听到的极少的名师作文课，比如于永正老师的《考试》、王崧舟老师的《亲情测试》，包括我们上海贾志敏老师的系列素描课（参见《贾老师教作文》一书），没有一堂课跟教材作文直接相关。如此状态下，我们想说不怕教作文恐怕也难。

我们松江区的小学语文有着优良的传统，始终在"作文教学"这块原野上耕耘，特别是《小作家》创办 10 多年，已成为教改的一面旗帜。2011 年，我们借鉴吴立岗教授的作文教学理论，开始了"基于课程标准的小学习作教学研究"；2012 年，在区教育局领导下，我们历时一年，完成了《小学习作学本》的编写；2013 年，我们着力研究作文教学模式，革新作文课堂；2014 年，我们建设作文培训课程，加入全国"新作文"体系研究团队……

真好！过去一学年，我有幸在我区听到 20 多节作文课。真好！新学年去一所学校听课，分管领导告诉我，我们的作文课真的发生着变化。

的确，我们的作文教改在课程建设、教学研究以及教学评价诸方面都有涉及，也取得了一些成绩。走到今天，我们发现，教改最大的变化是我们老师的变化。现在，我们可以说了，我们不怕上作文课。我们老师在觉醒，在成长，用生命在课堂上歌唱。

外因是变化的条件，内因才是变化的根据。怎么样才能使自己从事的教育教学永远勃勃有生机呢？于漪先生认为教师"一定要有强烈的内驱动力，也就是内心的深度觉醒"。"内心的深度觉醒"，就是把日常平凡的乃至琐细的工作和国家的千秋大业、老百姓的幸福生活紧密联系起来，对教书育人的使命有深度觉醒，"站在精神高原之上，而不是下降到精神低谷，跟风，随波逐流"。

是的，作文是学生人文素养、语文素养的综合体现。学生写不好作文，哪里能说语文教学是成功的呢？学生写不好作文，又怎么能说我们的专业发展达到了一个高度呢？没有强烈的使命意识，没有恒久的敬业态度，没有日进的专业能力，我们的作文教学就不可能发生真正的变化，学生"怕写作文"的现象就一日难以得到解决。

让我们回顾来路，来看看哪些做法值得继续。

第一，作文教改要坚持与教材配套。

2011 年，我们在"点"上突破，在学校教《操场上的笑声》，再次验证活动体验型课堂可以让学生爱学、学会。2012 年，我们开始编制区本教材，没有重起炉灶，另搞一套作文教学体系，而是基于语文教材。经过反复比较，我们最终从教材中选取了 36 个大作文题目，基于课程标准，研制了 36 份习作能力评价量表与过程评价量表；基于学生生活开发了 36 个游戏（观察）活动项目；又基于教师教学实践，提供了 108 篇不同水平层次的习作样例，供学生学习，供教师借鉴。

在实践中，我们发现作文教改接轨语文教材，有两大重点：

一是教学目标的清晰度。比如三年级与五年级语文教材中都有关于菊花的作文训练（类似的还有写景、写人、想象作文等），比较普遍的问题是拔高中年段要求，也就是"揠苗助长"。拔高要求，就不符合学生学习基础与学习能力要求，就不是按教育规律办事。经研究，三年级的教学把菊花的颜色、形态等写清楚就可以了，而五年级则要在写清楚的基础上写生动。把握年级习作能力发展的整体要求，作文目标的确定就容易多了。

二是教学设计的适切性。在革新范文引路、听中学的教学路径时，我们思考着怎么让学生学得有效。特别是如何设计课堂学习活动，得到的解决策略是利用学生的智慧。作文题让学生自由选材，教师从中选取利教便学的内容，以此为基础素材精致设计，以学生为主体展开学习活动。这样一来，作前指导花的时间多了，但是课堂生动了，学生作文好写了。更重要的是，由于教学与学生生活紧密联系，学作文与学做人的矛盾统一问题也得到了解决。

当有了这样的指导思想后，我们发现，即使是课外作文题目，我们也可用这样的方法进行目标确定与活动设计。我到一些学校，发现有些老师没有用教材上的作文题目，也上出了精彩的作文课，成功的诀窍也正在这里。

第二，作文教改要坚持与课堂联系。

传统作文教学一般采用审题、范文引路、写作、修改、誊写的路子，其优点是好教。缺点是什么呢？老师们有切身体会：教得还是很辛苦，批改作文草稿，尤其是作文水平中等以下孩子的，几乎每一次都问题重重，而且基本上是犯过的错误再犯一次；专业发展感与成就感越来越弱，这个问题是跟随上一个问题而来的，用我们老师自己的话来说，"我教得很顺利，学生好像也听懂了，但是效果好像不大"。

为什么这样教会出问题？因为即使有了明确的目标，学生也没有一个完整的学习过程。学生是在听中学，聪明的孩子可能领悟了，但多数孩子还是原地踏步。

作文的知识大多数是程序性知识，需要采取"做中学"的方式。做中学，就好比体育课、音乐课，或者是数学课，老师采用同一个内容教学生。我们语文老师没有三头六臂，怎么能在两节课的时间里，让学生你写你的我写我的，然后我再指导你，让每个学生都达到这次作文的要求？50多个学生就有50多个题材，有的学生"旧病复发"，有的"痼疾还在"，你不解决老问题，新知识也很难教。所以，我们学习吴立岗教授的素描作文，学习张化万老师的活动作文经验，写人叙事可以设计活动体验，写景状物可以现场观察（包括观察图片）。统一了内容，学生走进去，跟着大家"穿越"鲁迅先生讲的习作"暗胡同"。学一次，他就有体验了，然后试着迁移，写周记时自己选材，看看能不能掌握运用新学的知识与技能。

这就是遵循作文的规律。

2012 年 9 月，推出区本习作学本后，我们在中山小学举行作文教改推进会，上课的是两位年青老师，都姓刘。他们的课有点青涩，也都是第一次这样让学生在课堂上观察、活动、体验、交流、习作。但是，我们与会的组长都看到，这样的作文课，学生喜欢；这样的作文课，学生能够学会。

这是其中一位老师执教公开课半年后写的一份小结：

经过《玩得真高兴》习作教学之后，我在平日的习作教学上尝试做出以下改变：

每次教学伊始会让学生明确学习目标和评价量规，让学生对本堂课中自己的学习任务和要达到的目标有明确认识。与以前的习作教学相比，我教学时思路更加清晰，指导方面更加有的放矢，学生也很积极。总之，教师教得明白，学生学得明白。

"看中学"——增加了课堂中的情景再现，让学生现场体验，从视觉和听觉上都有强烈刺激。比如在《我的朋友》习作课上，我请学生来演一演自己和朋友之间发生的故事。学生们非常感兴趣，观察也很仔细。这样做后，课堂现场作文的时间大大缩短，避免了学生皱着眉头苦苦搜索记忆的现象，变得有话可说，有话可写。

"做中学"——意识到了习作教学前的作业布置，也就是习作材料的收集，包括相关优美词句积累、对所写人物的日常观察、所写事物的留意观察、基本生活常识等。学生比较有兴趣，大部分人会按时完成。有了充分的前期准备，学生们更加容易写出出人意料的好句子。

"评中学"——学生的世界总是丰富多彩的，学生的语言也应该成为教师的教学资源。因此，在每次习作之后，我会提供给学生交流习作的机会，让学生去教学生，往往学生之间的评价更能让他们印象深刻，容易内化为自己的语言和习作技巧。如果能够很好地评价别人的文章，那么他一定也能写出很好的美文来。

这一年 12 月，我们中小学举行"学段贯通，学科育人"作文教改活动，顾老师在三新学校执教《如果我是一片落叶》，也是采用这样的活动体验。

每个孩子都找来了自己喜欢的叶子，想象自己就是这一片叶子，然后在秋天飘落，飘到水塘、厨房、教室、书房、市场、商厦……一个个故事悄然发生。学生写下来，很成功。这也是有一定自由度的活动体验型作文课了。听课的有教学大师贾志敏老师，他很高兴地参加了活动，并且即兴评课，肯定了我们的探索。

由此，我们开始提炼课堂教学新模式，核心环节是：活动（也可以是观察）+ 交流。

在以后的数年中，我们再三尝试，发现这样的作文课可以做到传统作文课根本做不到的一点，那就是让每一个孩子都喜欢作文课。

后来，我们进一步在泗泾小学跟进，取得"学一篇习一篇"的经验，基本解决了学生掌握新知识新技能的问题。

第三，作文教改要坚持与育人联系。

我们认为，无论什么改革，目的只有一个：学生更好地成长。在新形势下，在教学时间越来越有限、世界越来越精彩的情况下，在各种挑战迎面扑来，多元文化、多元价值观泥沙俱下的环境下，要让作文教学更好地完成育人任务，做到习作立人。

我觉得，作文教学最好的育人作用，就是让每一个孩子都学会用母语写作文。

有人说，作文课堂，同一个题材，不就千人一面了？这也许是多虑。第一，学语言，首先是学习规范的语言。就像一个孩子看到爸爸总是叫"爸爸"一样，没有规范无法交流。交流是语言的第一功能，所以，小学生写作文，哪怕千人一面也不要怕，怕的是一开始就追求"千人"不"一面"，导致越来越难教，最后很多孩子学不会作文。第二，即使统一内容，即使所有孩子都玩同一个游戏，我们也不用担心学生千篇一律。为什么？例而言之，三年级学生写课堂上蒙眼画脸，有连标点符号都一样的两篇作文吗？其实，哪怕有一点不同，如"这堂游戏作文课我很高兴！""这堂游戏作文课我真兴奋！"也是好的。

作文立人，我们在实践中还要关注两点：

一是从动机走向目的，让作文成为学生学习交流的一个手段。

从动机走向目的，就要既重视学生"写什么""怎么写"，又要重视"为什么写"。

从动机走向目的，遵循了作文的规律。作文，主要是跟人交流信息、情感与想法。小学生作文，虽然属于学习活动，但跟一般作业有别，许多时候，学生的习作是他思维的结晶，是他创造的产品，因此它的读者对象可以从老师扩展开去。作文给老师看，是第一境界；给大家看，是第二境界；给不认识的见不着面的人看，是第三境界，也是最高境界。当学生听到鼓励的掌声，接到反馈的信息，他们就会感到：原来作文不仅仅是作业，还是另一种说话。

从动机走向目的，有利于学生成为作文的主人。心理学家维果茨基说过："在说每一句话、进行每一次谈话之前，都是先产生语言的动机——我为什么要说话，这一活动的激情的诱因和需要的源泉是什么。口头语言的情境每一分钟都在创造着语言、谈话、对白的每一个新的转折的动机。"写作文不易，进入维果茨基所言"动机"状态的学生会反复思考：这次作文，我为谁而写，他（们）最想了解的有哪些，这些事情如何写才好，写完了还要怎样修改。如果说，以前"为了目的"的习作只有一个读者，学生也能获得一份动力，那么现在，学生获得的动力与正能量势必成倍增加。所以说，从动机走向目的，有助于学生更好更快地掌握新知识、新技能，也有利于学生养成严谨认真的学习习惯。

从动机走向目的，让学生进入高品质的语文生活。动机高于目的，动机又引领目的，学生在达成习作目的的过程中，学习跟人交流，让作文成为分享的过程。这样的学习无疑是幸福的，有可能做到潘新和教授说的，"语言教育要唤醒学生固有的言语生命意识和言语潜能，使之得以良好的养护和培植，使他们的言语才能得到积极主动的发挥和张扬，从中感受成功与失败、满足与自尊，并最终成为言语上自我实现的人"。

二是培养作者意识，让作文成为学生学习做人的一份记录。

2008年，《人民教育》报道管建刚老师的"作文教学革命"。管老师和学生一起创办《班级作文周报》（以下简称《周报》）。每周，学生写稿，投稿，修改，发表。由此，作文不再是一道无聊的作业，而成为一项渴望获得的话语权；作文不再奄奄一息，而成为学生向往的一个心灵交流的精神家园。8 年来，他和学生一起出版《周报》300 多期，发表学生作文 4000 多篇，合计 300 万字，还创下了带班两年，学生在全国数十家报刊发表作品 200 篇、全班每一个学生都发表习作的记录。

一个普通农村学校的普通班级，何以有这样的作文奇迹？管老师的体会是：激励学生发表。他在多个场合认为，"发表，对于写作初期的人，是写作最重要的内在动力"，"我创办《周报》，让学生在'自己的'报刊上不断发表作文，对学生而言，班级是他们生命中最为重要的、相对稳定的生活世界，同学、伙伴的评价和看法，将直接影响他的学习状态和生活质量"。

习作得以发表，学生的学习与生活状态势必受到积极影响。同是激发学生习作动机，"发表"提供的是不同的心理刺激，如果用一个词来概括，我以为是"作者"二字。对学生习作来说，"作者"意识可以提供比"读者"意识更强烈的习作动机，当然层次也更高，当学生成为一名"作者"，显然，对其个性，对其创造性的要求也就更多。

10 多年前，我们区域就全力打造《小作家》，每月一期，给学生习作提供发表机会，每月可以刊登 30 多位学生的习作，每位作者有样刊，也有稿费。每一期杂志都辟有"小作家"专栏，推出一位学生的数篇作文，封三还刊登其照片与自我简介。如此隆重，如此热烈，对学生的激励作用可想而知。

作为兼职编辑，我深感，作为一名作者，写什么永远比怎么写更重要。一名有作者意识的学生，他最最需要的是自己的见闻与发现、感受与情感、认识与思想。如果我们语文老师能对此有较大的重视，那么，学生的写作将进入一个完全不同的"欲穷千里目，更上一层楼"的境界。一个作者，了不起的，不但是他能创造，而且他还是真善美的传播者。显然，"作者"意识引导下的作文学习，在提升学生语言品质的同时还锤炼着学生的情意、人格。也就是说，当学生自觉地成为一名作者时，学作文与学做人可以达到完美的融合。

因此，只完成作文的目的，学生可能写出一篇好作文；但是，从动机走向目的，学生写出的就不仅仅是一篇好作文，而是值得保存的好作品，铭刻的是一段难忘的生活，记录的是一段精彩的人生。

2015 年 10 月

拓展阅读

祝新华：《从学生作文心理角度开展作文教学改革》

荣维东等：《国外作文教学实验结果综述》

让学生在"真作文"中快乐成长

在过去这个学期，我们没有停下作文教改的脚步。

月季盛开的 5 月，我有幸听 16 位青年教师上课，发现有低年级老师也办起了作文小报，很让人感动。一位是洞泾学校的郭慧，她的二（4）班有一张《智慧小喇叭》，已经办了 7 期；另一位是李塔汇学校的刘成芳，这一年她在支教，她为这个本不熟悉的二（3）班印制了《学生作品》，厚厚的一本。两个在乡镇工作的老师，教的又是低年级，能以这样的形式激发孩子学习的兴趣，为孩子的童年留下一份美好的记忆，我们没有理由不把掌声送给她们。

这学期，有更多的学校与老师加入作文探索的课堂。二实小的王爱国老师在共同体学校活动时执教《观察日记》，这堂课以学校"开心农庄"里的蔬菜为对象，组织学生观察、记录，写成文章。作文与生活紧密融合，大大提高了学生的兴趣，有利于学生养成正确的作文观。

这学期，全国中小学作文教学研究会上海分会在我区组织活动，步根海老师亲临教学示范，上外松外的张丽花老师带孩子玩了一个魔术，写了一篇作文。教学中她首次运用了纲要信息图，帮助学生梳理思路，实现内部言语到外部言语的顺利转化。

这学期，泗泾小学陈宗明老师参加了市里的教学评比，他执教三年级《我和小鸟的对话》在市里获了一等奖，引起了良好的反响。跟以前相比，这堂课在以下方面有突破：一是利用手偶和音乐创设习作情境，使学生想说、想写，选材丰富多彩；二是在阅读与习作之间搭起了桥梁，教学难点"对话"形式的突破就借助了已学课文，学生领悟运用，效果明显。

又是暑假。

我想起自家孩子在三年级寒暑假写日记的经历。因为有空，也因为初步学习了习作的技能，孩子不停地写，他用笔记下了来松江的第一场台风、上海大转盘、徐家汇公园里的黑天鹅、新世界玩具城、外滩……

他也用笔描述着自己的日子：赔书、秋游、洗碗、下翻棋、走玻璃、看演出、踢足球、玩沙子、养蚕日记、我受伤了、今天圣诞节、我在五所学校读过书了、第一次一个人在家……

当然，他也在自己的文字里想象：月亮、星星、我的房间、我想种一棵树……

文如其人，我家孩子小时候就是这样的调皮，因此他的作文充满了趣味，我很喜欢。现在读来，似乎更显得珍贵，因为它留住了孩子的童年。所以，有人说，作文是一项语言的练习，更是一份做人的记录。语文就是生活，生活就是语文，没有写作的生活容易遗忘，没有写作的语文多么平淡。

于是我想，趁着这个暑假与你交流，看看这4年来我们在作文教改之路上留下的足迹，当新的学期来临时，建议你及早规划，让你的作文教学同样姹紫嫣红，让作文同样成为孩子的财富。

提出作文教改，源于我们对作文的认识：有见闻需要分享，有感情需要倾诉，有想法需要交流。这是作文的本意。小学生作文，固然是完成学习任务，但本质是学习跟别人分享、倾诉与交流。因此，我们践行这样的作文课堂。

一、精心设计活动，让学生有话可写，写真情实感

从感兴趣的活动入手，是让学生有话可写的良方。参与活动，亲身经历了，现场感受了，学生写起来就历历在目。

设计活动努力做到：既考虑活动的意义，对学生形成观察、思考、表达等作文基本技能能起一定作用；又要考虑学生兴趣，活动有一定内涵、结构，跟学生的生活、精神世界相联系，能触发学生真情实感。

2011年春，我们教《操场上的笑声》。每个同学填写各自最喜欢的学校活动，交集最多的是呼啦圈。作文课就设计活动，带孩子们玩呼啦圈。先是一位男生独自表演，再是两位高水平女生的"PK"活动。当时，台上几个学生在表演，台下学生在看，在笑，在跳。这课看似有点乱，但孩子们满脸通红，小眼发光。活动后，学生说得热烈，写得轻松。我们由此得到鼓励，于是在2011学年，用了整整一年时间，20多位名师、新秀、组长团结协作，一起完成了中高年级语文教材36次大作文的活动设计，这就是区本教材《习作训练》。它保障了松江每一间教室，都可以有这样充实、快乐的作文课。

为了激活学生已有积蓄，我们已经尝试引入叙事纲要信息图，让学生自己提取、优化写作内容。

二、研制量表，让学生明确目标要求和过程方法

每一节作文课，学生都会有两份量表，就好像开车有"GPS"一样，一份是能力量表，指向目标要求；另一份是过程量表，指向过程方法。

有了内容后，如何指导学生展开、写好内容呢？四年级有一篇《观察日记》，一起确定写松江祥和花园的橘树后，我们抓住关键元素和主要方法进行指导。关键元素涉及两个维度：橘子树和观察者。事物的材料展开是"三像"，也就是橘子的形状（大小）、颜色、数量；人物的材料展开重视"六感"，也就是观察者的眼、耳、鼻、嘴、皮肤、内心的感觉。有了这样清晰的目标要求和过程方法，学生兴趣盎然地观察、拟稿、修改、交流，不断完善，直至达标。回家后，他们再"八仙过海，各显神通"，写一写各自喜欢的果树，如葡萄、枣树等。这样，学一次，做一次，把握方法，通过会写"这一篇"文章，学会写"这一类"文章。

我们学生手里还有第三份量表——年级习作量表。每学年第一堂作文课，一定要跟学生明确：未来的一年中，我们在作文学习上要去哪儿，怎样去那儿。每过一段时间，要指导学生用年级量表来自评，看到进步，发现问题，扬长补短。

三、促进交流，回归作文本意，让学生获得多方面反馈与正能量

作文教学应该回归作文本意。我们首先用课堂教学机制来保障学生交流的权利：议学、活动、拟稿、交流、修改、发表。其次，我们想方设法，通过读给家人、建立博客等方式让学生给自己的作文找读者。当然，我们还鼓励孩子把作文保存起来，就像莫言还保存着小学时代的作文簿那样。每一篇习作，都是孩子的作品，都是童年的财富，是永不再来的欢笑与眼泪。

因为重视交流，越来越多的学生开始喜欢作文课，越来越多的班级、学校办起了作文小报，给《小作家》投稿的孩子越来越多。来自古松学校的王佳依把日记寄给我，让全区小朋友分享他"我的理想"——"当一名宇航员，因为语文书上说太空有很多好玩的事"，讲述他所认知的《西兰花》，倾诉跟弟弟的亲情，描述他《回老家》时的激动，交流什么人他最喜欢的想法。

叶榭学校四（1）班卢麒凤给我们讲述她的爸爸是个快递员，每天很晚回家，还不忘帮两个女儿查作业。第二天暴雨，还把她送到学校，结果她忘带书了，只好麻烦爸爸送来。她在课堂作文里这样写内心的后悔、疼痛以及温暖：

我在学校门卫室等着，暗暗骂自己为什么这么不争气，让本来就很辛苦的爸爸再为我操劳。风呀、雨呀，你就不能小点吗？很快，爸爸来到校门口，他停好摩托车，向我走来，眉毛、鼻尖上都沾满了雨水。他从怀里拿出语文书，递给我，"拿着，快去教室"。说完就再次走进雨里。看着爸爸那有些沉重的脚步，看着他那有些弯曲的背影，我咬咬牙，向教室跑去，任凭眼泪混着雨水在脸上滑过……

是啊，这才是真作文，既是一次学习，也是一次交流，在交流中分享自己的认识、情感与想法。

每一个孩子，是吃着饭长大的，也是写着作文长大的。

怀有真感情，养成真行为，才能写出真作文。

一眨眼，"真作文"探索已4年了。寒来暑往，以区习作教材为代表

的一批成果在小语界引起了关注，我们的研究也得到了很多人的关怀与认可。因为"真作文"，我们正加快解决阅读教学教什么的问题，从2011年开始为丰富学生的认识与积累，组织每月读一本好书活动。我相信，"真作文"这个支点，是能撬动"语文教学"这个地球的。

2014 年暑假

拓展阅读

陈宗明：《〈我和小鸟的对话〉教学实录》

谈永康：《再谈小学"真作文"教改探索》

每月与语文教师书

教学研究策略

建设实践共同体，大家一起来

　　工作 20 余年，听过最震惊、最感动的教研故事是关于佐藤学教授的。

　　佐藤学是知名大学教授，教大学生，带博士生，这些够他忙的了。但是，这位教授了不起，在 20 多年的岁月里，他坚持每周造访几所中小学，跟一线教师展开行动研究，他们一起发现问题，一起解决问题，一起致力于改造课堂。

　　这几年，我断断续续读过佐藤学教授的书，2011 年 6 月还有幸去上海市教委教研室现场聆听他的讲座。我随身带了一本他的《静悄悄的革命》，讲座后，佐藤学教授在书上签名，留了一个字，繁体的"学"。

　　引起我更多思考的，是佐藤学教授带着老师们创建了一个个学习共同体。我们来读读他的文字：

　　学校只能从内部发生变革。学校从内部发生变革的最大原动力就在于教师作为专家构筑起亲和与合作的"同僚性"。所以，构筑"同僚性"的校本研修才能引发内部的改革。

　　构筑"同僚性"的校本研修的研讨原则是：第一，研讨的对象不是放在"应当如何教"的问题上，而是基于课堂的事实——"儿童学习的成功之处何在，失败之处何在"；第二，在研讨中观摩者不是"对执教者建言"，而是阐述自己在观摩了这节课之后"学到了什么"，通过交流心得来相互学习；第三，在研讨中，观摩者不应当缄默不语，应当实现不受高谈阔论者与品头论足者支配的民主型探讨，以"不凝练""不归纳"作为铁的原则来主持研讨会是最理想的；第四，必须以儿童与教师的学习为中心，大胆地精简学校的组织运营，这样才能组织更多的课例研究。

作为一位研训员，有幸跟大家一起学习，一起研究，想得最多的是针对实践中的问题，尝试通过教研活动来解决。我对佐藤学教授那种"学习共同体"的氛围与境界怀有敬意，也心向往之，故提出"实践共同体"的想法。既然是实践共同体，那么"实践"在前，"实践"为重，我们是通过实践，而不是外部的规定才成为共同体的。

诚然，我们需要学习，需要研究，需要各种各样的研讨、展示、评比，但是，没有人会怀疑，会否认，"实践"才是我们的根，才是教研活动的命脉。任何学习所得的经验，任何研讨所得到的想法，任何正在推进的举措，都应该是"不管黄猫黑猫，捉住老鼠就都是好猫"，即到实践中去，用实践来检验，能解决实践中的问题，让实践更有效，这才是"实践共同体"，亦即我们的使命。

当然，"实践共同体"不是什么新名词，它作为一个完整的概念，最初是莱芙和温格在《情境认知：合法的边缘参与》中提出的。与佐藤学教授的"学习共同体"有同有异。罗斯指出"实践共同体的特征是共同的实践、对话、行为、道德标准、观点等"。

一、逐步形成共同的愿景

课文《伟大的友谊》影响了一代又一代人。马克思和恩格斯的友谊确实了不起，他们共同创造了伟大的马克思主义，为此合作了四十年，在向着共同目标的奋斗中，建立了伟大的友谊。

共同的事业，共同的愿景，从中获得纽带感、归属感，体现了实践共同体的生命。

为孩子的精神成长奠基，这是神圣的职责。在完成这一使命的漫漫长途中，成就自己，获得职业的尊严与人生的幸福，也是我们的追求。用形象的话来说，既要"甘当绿叶"，也要"敢争红花"。

小学语文要为儿童营造精神的家园。这是语文"立德树人"的要求使然，是中国走向繁荣富强的时代最强音。众所周知，母语是我们的精神故乡，儿童学习语文，既能认字学词，发展语言，又能从课文中接受美的熏陶，汲取蕴含在语言中的思想情感和民族精神。为此，我们要坚持学科育人，关注教材中感人的事迹、高尚的思想情操，让学生在识字教学中感受汉字的神奇，在诵读古诗中体味汉语的优美，在学习寓言时汲取先人的智慧……在学生心中播撒知识的同时，激发他们对真善美的向往，对人类文化的热爱，做一个高尚的人。

有思想有境界有底气的老师才能更好地教文育人。近年，我们从教研活动中提炼了"教学做讲合一"的专业发展范式，围绕课堂，进行有的放矢的学习、实践、研究与交流，助推我们在专业生活中获得精神的升华和人生的幸福。

二、坚持协同解决问题

地理上的密切有助于交往，有利于交流，但是，并不必然产生分享与协作。即使人们都在同一个办公室工作，但未必互相介入。只有当这些人围绕办公室里要做的事情，互相介入，彼此沟通，而且这种关系得到支持时，这个办公室才能成为一个实践共同体。

区域教研活动不过每月数次，如何凝聚大家的力量？发现"课堂转型"中的真问题，就此展开研究活动，是建设实践共同体的又一关键。过去一年，我们组长们一起研究一、三年级阅读教学应该教什么，研究的起点就是大家都感到课文难教，不同的年级如何教出不同的"语文"来。过去四年，为了解决作文教学"老师怕教，学生怕写"的问题，我们进行了"真作文"教改探索。做这些事情，我们始终以"课题引领"，重视"团队合作""用心做优每一次活动"，以此来获取行之有效的鲜活经验，力争对问题有针对性解决。

当然，上述问题彻底解决了吗？回答是否定的。接下去，我们还要根据松江区教育改革的要求，凸显对学生的关注，加强对学习的研究，在阅读教学、作文教学"攻坚克难"的路上展开更深入更细致的探索，如进一步厘清作文课堂结构要素与基本策略，关注阅读评价能力、迁移能力的培养等。

三、建设人人共享的资源库

松江教育资源库集聚了不少教学资源，包括文本解读、教学设计、课堂实录、作业练习、教学课件等。它好像是一个参谋部，成了我们上好课、教好学生的得力帮手。可以说，建设可以共享的资源体现了共同体的魅力与实力，也凸显了共同体生命力的强弱。

共享的财富，即共享的技艺库，背后则是惯例、用语、工具、行动、概念、做事的方式等。共享的技艺库，成了共同体的记忆，留住了共同体的昨天，也承载了共同体的未来。这些东西也将要在新的情境中反复使用，并生成新的创造。

这两年，我们在共享的技艺、工具上做了一些尝试，比如听评课纲要信息图。开学第一次活动，我们请陈爱君老师、刘靖老师用这一形式介绍了上学年的两节阅读课。这次作文课堂观摩活动，我们也利用《活动对中年级学生作文学习的影响》观课记录，请了组长边听边记录，并在研讨中即时汇报观课所得，解读收集到的课堂信息，提出感想与建议。相信大家听了这些记录与分析，一定有全新的感觉与特别的收获。

同时，我们也要进一步完善教学中的观课议课，既要制定出阅读能力量表，又要引进有关技术，如课前会议等，让我们的研讨增添科学的色彩，让我们的经验更有普适性与推广价值。

相应的，我们将在研训活动中逐步完善"准备—观摩—交流—建库"的基本流程，通过课前会议、观课记录、听评课纲要信息图等保障研训活动有序、有效。其中学习与交流是两个支点。从 2012 年起，我与首席教师工作室的老师每月轮流编写《悦读》，针对区域棘手问题引进优质资源，供大家学习；同时提供平台，展示我们的实践与探索。各位随时可以上公共邮箱下载。

上个月在金山区参加市里一个会议，市教研室的一位专家给我们演示了《老鼠夹子》"PPT"。我听后心有戚戚焉，的确，我们的生活中随时、随处都有这样的"老鼠夹子"。显然，我们无法满足于"我是旁观者"，甚至不能满足于"我是聆听者"。我们需要呼应佐藤学教授的"打开每一间教室的大门",同时,还要打开自己的心灵之窗,因为实践园地里开出的鲜艳的花朵,每一朵都值得大家分享。

建设实践共同体,我们一起来!

2014 年 10 月

拓展阅读

钟启泉:《学习共同体的范例——日本佐藤学教授访谈》

王天晓、李敏:《教师共同体的特点与意义探析》

课程教学评价一致化思考

今年1月，四年级质量监测，阅读测试选用了贾平凹的《我的老师》。文本中有这样一句话："孙涵泊安危度外、大义凛然，有徐洪刚的英勇精神，他真该做我的老师。"相应的试题是："大义凛然"在文中具体指_____，这个词写出了孙涵泊_____。学生这一题失分不少。一些老师反思说，我们平时都只教学生如何理解字典义（脱离语境），这样的训练几乎从来没有。

学生缺少这方面的训练，与我们课程教学观念的缺失相关。国家课标明确要求中年段学生"能联系上下文，理解词句的意思，体会课文中关键词句在表情达意方面的作用"。去年9月，我们也在区教研活动中以此为研究主题。可见，从观念走向实践，还需要一个过程。

有些想法，与诸位交流，以期我们的教学早日与课标接轨。

一、教语文要锤炼课程意识

1.建设语文课程，打造语文的"村庄"。

语文书外有万紫千红，语文课外有万水千山。教材，是语文课程的主干。语文课程的实施要基于教材，但一定要超越教材。诸如课外阅读、语文综合性实践活动都是语文课程的有机组成部分。唯有打造一个生态的、与生活外延相等的"语文村庄"，学生的语文学习方是完整与活泼的。

2.落实单元目标，扎实提升语文素养。

2012年4月的《与语文教师书》已就此有所阐释。这里就习作说两句。不同年级的习作应该有不同的要求，这样的定位我们觉得比较合理：三、

四、五年级分别要写清楚、写具体和写生动。

3. 挖掘合宜的教学内容。

一篇课文放在不同年段，可以有不同的教学内容，确定合宜的内容必须基于课程标准。三年级要突出段的教学，四、五年级逐渐向篇章过渡。无论哪个年级，都应该突出基本的字词句教学以及朗读、背诵、复述等基本训练。

二、教语文要培育情感态度

近十年所见，中小学语文教学跟国家课标最大的差距，恐怕不是识字多少、读书差别、技能高低，而是兴趣、情感与态度的缺失，即语文学习时"生命不在场"。黄玉峰老师也有这样的观点，"讲课要讲透一篇文章是容易的，上好一节精彩的公开课也不难，让学生在一学期后考出好成绩也不是办不到的，难的是让学生改变对这一课程的态度，培养起他们热爱语文的情感态度"。

第一，不断提升自身语文素养。要重视语文教师自身的影响。遇到一个好老师，就是经历一门好课程。语文教师要以自己对学科的热爱之情，凭借自己对学科的深厚功底，对学生起影响熏陶的作用。

第二，用心考虑课程内容的丰富多彩。在进行识字写字、阅读、习作、口语交际教学时，文本是主要呈现形式。信息化时代还要充分利用影视、音乐、录像等，活化语文课程。具体到一篇课文的教学，不一定从头到尾都是单纯的针对语言文字的朗读、默读与品味，可适当配以图片、音乐等。这是考虑到孩子的身心特点，"孩子用形象、色彩和音响来思维"（苏霍姆林斯基语）。只要运用得当，就能增加语文学习的趣味。

第三，努力构建多样化的课程教学方式。目前的语文课，问问答答读读比较多，既有合理的因素，也有其不足。是否应该增加"议"和"练"的活动？所谓议，就是针对课文难点、重点，从学生实际出发，确定问题、话题，进行七嘴八舌的议论、讨论、辩论。议，是一种学习，而且是一种基于时代需求的重要的生活方式、思维方式。所谓练，既包括了听说读写基本技能的训练，也包括了字词句段篇的基本知识的练习。当前迫切要解决的一点是，语文课要让学生动笔，要保证抄写生字的时间，要给学生比较充裕的写句甚至写段的时间。

三、教语文要提高学习的效度

提高效度，主要针对这样一种现象：语文课上与不上没什么差别。这个现象存在已久，却没有引起足够的重视。我们能不能每日三思：今天我的语文课学生喜欢了没有？今天我的学生读了什么？今天我的学生写了什么？这个"写"不能只是抄写词语和所谓的"一课一练"，应该考虑基于阅读（课内阅读或课外阅读）的写与来源于生活的写。

1. 作业与教学匹配，做到有效减负。

一些公开课饱受诟病，原因之一是形式主义泛滥，教学终止于下课铃响的那一刻。其实，语文知识的巩固，特别是语言文字运用能力的提升，需要必要的课后作业。一堂精彩的语文课，同时必须是一堂扎扎实实提高学生语文素养的课，因此，备课时，应考虑这一课配套的作业。

我们也经常看到另一种现象，学生课后做大量作业，除了抄写词语，基本与这一堂语文课关系不大，一些思维力度较大的题目，教师在课堂上根本没有"教"，从而导致学生作业时倍感困难。

因此，有专家从听课者的角度提出，一堂好的语文课，结束后，听课教师就猜得到执教老师要布置什么作业，应该怎样完成。

2. 教学与评价匹配，适当培养应试能力。

崔允漷教授提出："基于课程标准的教学要求教师根据教学目标适当处理教学内容，根据课程标准倡导的理念选择适合的教学方法，而且还要求教师开展基于课程标准的评价。"也就是，教学目标源于课程标准的同时要做到评估设计先于教学设计。这个学期，这个学年，乃至整个学段、整个小学阶段，我们的学生要具备怎样的语文素养，必须完成哪些学习任务，教师应心中有数，有一个明确的质量的构想，然后落实到一堂堂语文课中、一次次活动中、一个个练习里。这样的能力可以称之为应试能力，从目的与过程来看，这种能力当是语文素养的组成部分。

3. 教学要有幸福感，追求绿色质量。

在取得"PISA"全球之冠后，上海基础教育提出"转型发展"，开始追求"绿色"质量。简而言之，就是摆脱单纯的育分，要让学生从今天的学习中获得幸福感，更多地激活发展潜能。换言之，以所谓的分数牺牲孩子的兴趣与幸福，霸占学生的时间与空间，都在反对之列。如此，就呼唤着全面的语文课程的构建与实施。南京师大附中特级教师吴非先生在《致青年教师》一书中写下这样的文字，这简直就是对"绿色质量"绝佳的描摹。

我经常憧憬这样的图景：在早晨的阳光中，孩子们哼着歌去上学，有时能停下来看看太阳；学生能向教师提出有意思的问题，课堂上经常有愉快的笑声；中午，他们能吃上一份由政府提供的全国城乡同一标准的营养餐；学生能坚持自己的爱好，从下午4点起，他们在球场上奔跑叫喊；晚上，做完作业后，捧起一本诗集，轻声地读给妈妈听……

这样的表述足够温暖，诗意，简单却深刻，充满着人性的光辉，于无声处透露春的消息：语文教育，不要只看学生今天考得好不好，更要想他们在人生的道路上走得远不远。

2012 年 5 月

拓展阅读

崔允漷：《课程实施的新取向：基于课程标准的教学》
薛法根：《基于课程标准的教学内容研制策略》

如何编制、使用《学期课程纲要》

20世纪90年代，我刚工作，跟着年级组的老师学教语文，深刻印象之一是教学进度统一。每每开学，组长就发给我一张进度表，上面给出了每篇课文的教学用时、哪个星期教哪篇作文、单元考试在哪一周进行。我小心翼翼地贴在备课本上，有空就翻出来看看。一表在手，尽在掌握，严格遵循，急不得，缓不得。

2004年，调到中山小学工作。这所百年名校教风严谨，除了进度表，还要在期初制定学期教学计划以及单元计划，其中"学情分析"一项一个班级几十个学生，基础怎样，有什么问题，怎样谋划对策，都要求概括归纳。

无论学期进度还是学期计划，都有必要，所谓"凡事预则立"是也。如何再往前走一步，特别是在上上下下都强调"课程标准"的氛围里，编制《学期课程纲要》（以下简称"纲要"）显然是再上一个台阶的做法。

何为"纲要"？按照华师大崔允漷教授的观点，"纲要"是"以提纲的形式一致性地回答一门课程的四个基本问题，即目标、内容、实施与评价"。崔教授用"旅游"做了形象生动的说明，目标就好比是"我要把学生带到哪里去"，内容是"基本的素材或活动是什么"，实施就是"我怎样带他们去"，评价是"我怎么知道他们已经到哪里"。

"纲要"有怎样的格式与内容上的要求？一般来说，其呈现格式为：

背景信息，提供该课程学习所必需的背景信息，包括：学校名称、科目名称、开发教师、课程类型、教材、课时或学分、学生。

内容，回答四个问题：课程目标、课程内容、课程实施、课程评价。

课程目标源于课标与学情研究，清晰指向学科关键能力，一般为4—6条，每条1—3句话。课程内容第一课时分享，教材处理依据目标、学情、条件；课时安排有利于学生学习和目标达成。课程实施是指教与学的方法与目标匹配，创设有利于学习的情境，学习方式多样，体现学科化、本学期化。课程评价包括成绩结构与来源（过程与结果），及格线及评分规则，相关补考政策。

编制"纲要"，可以对语文教学发挥积极导向作用：

1. 在课堂与课标之间架起桥梁。

原先的教学进度也好，学期计划也好，在教材、教学的一致性方面可以起到一定作用，但是容易出现教学内容不清的问题，如年级不同、学期不同却都在教同一语文知识。而"纲要"对学期语文知识与技能的定位更明确，这样就利教便学，指导的功能更凸显。

2. 在观念与行动之间架起桥梁。

这几年，大家基于标准教学的意识已明显加强。如何细化标准，与课堂教学更加紧密地结合，仍需要我们创造性劳动。显然，"纲要"勾连了理念与行动，操作性更强，对教学既是一种导向，更利于我们对教学长时规划，自我评估，随时反思，及时调整，有益于质量提升。

3. 在评价与学习之间架起桥梁。

"纲要"明确了本学期语文评价的内容与形式，针对考、教分离的弊病，有的放矢，为学生学习提供了方向与指南。

制定"纲要"旨在教得更好，学得更好。下面以三年级第二学期为例，就如何发挥"纲要"作用谈三点想法：

一是学会"弹钢琴"，实施时注意轻重缓急。

综观"纲要"，内容丰富，虽然在课程、教学、评价的一致化方面做了些工作，可以让我们少做无用功，但是教学时间毕竟是固定的，也是有限的，因此我们老师仍要从学生实际出发，根据"纲要"再备课，在统筹安排中学会"弹钢琴"。

"弹钢琴"要分轻重缓急，在教学内容上，我们要进一步加大语言学习的力度，不要在非本体性教学内容上耗费太多时间。我们要把重点落在"段"的学习上，教学生怎样读懂一段话，教学生学习怎样写一段话。

"响鼓也要重锤敲。""纲要"建议加大"经典"类课文教学用时，这就意味着，"例子"类课文要争取用一教时完成。这对很多人来说，压力不小。如何教好这些课文，需要我们突出字词学习，突出语言的积累与运用，而非面面俱到。

要"弹钢琴"，还不能忘了课外阅读。这是我们"每月读一本好书"活动中的三年级阅读书目：《哈利波特与魔法石》《柳林风声》《我的野生动物朋友》《林汉达中国历史故事集》《三毛流浪记》《奇妙的数王国》《中国神话故事》《亲爱的汉修先生》《长袜子皮皮》《让太阳长上翅膀》。请问问自己的学生："你读了没有？""纲要"把课外阅读作为一大内容，最低要求是学生自己完成 5 万字的课外阅读任务。

二是学做"总指挥"，丰富学生学习方式。

"纲要"的灵魂是什么？我以为是把学生当作主体，把学生的发展作为教学的主旨和归宿。以前的进度表、学期计划也考虑学，但基点在教，为教服务。"纲要"真正从一开始就思考如何把课标、教材等融合起来培养学生的能力？这种思考不是停留在观念上，而是进一步考虑采用怎样的教法和学法，才能较好地落实能力培养要求。这一改变，我以为是翻天覆地的。

"纲要"提出的课程实施建议，除了讲授、训练外，比较多地出现了"活动""表演"等字眼，这意味着什么？丰富和完善学生的学习方式。丰富学习方式，其实是丰富学生的生活——教学就是一种生活。学生的知识丰富了，能力提高了，应该高兴。但是如果这些都是靠传统的死记硬背，靠大量做题获得的，恐怕就不是学生想要的生活。语文，该为学生的精神发展奠基，要提供自由的、润泽的语言学习的氛围，让我们的语文课多给孩子积极愉悦的情绪体验。这种情绪的累积与定势，就会激发学生爱语文。这时候的老师，就像乐队里的总指挥，指挥学生认真地阅读、思考，充分地交流、表达，合奏出美妙的交响乐。

学习方式的改变关键在两个：一是乐于表达，学生要爱说、能说，爱写、能写；二是养成好习惯，小学生应该具有哪些基本的语文学习习惯，每个习惯如何培养，都值得我们深思，慢慢去做。

三是学习"散步者"，以评价提升教学境界。

卢梭的《一个孤独的散步者的遐思》，是真诚地对人生的反思，现在已成了世人的精神食粮。语文学科综合性强，语文教学也常常处于"说不清"的境地，能不能像卢梭那样，经常地对自己走过的道路进行反思，乃至反省？我看是需要的。"纲要"对教、对学都有明确的"过程与结果"的要求，因此，也可以用"结果"来"观照"自己的教学——我做到了多少？学生的课堂、作业等说明什么知识或技能出现了问题？教学中如何改进？具体到学生个体，还会有更多的状况——"纲要"上的要求是每个学生都必须达到的，在某种程度上，"日日清"不行就要看能不能"周周清"，不能"周周清"就看能不能"月月清"。清晰的目标意识，可以有效提升质量。

当然，具体到一篇课文、一次习作，必须有明确的知识与技能要求。知识是学习技能的基础，技能的反复训练，才能形成相应的能力。因此，除了学字识词之外，每篇课文应有明确有序的知识点以及技能训练点，这是教学境界得以提升的关键。

教学进度、学期计划与"纲要"，都是对我们教学的要求，是引领，也是约束。这些东西具有普适性，可面向全体，但都只是参考。作为个体，每一位老师在实施时都可以，而且应该"走自己的路"。第一，依据自己的特点与班级实际进行再改造；第二，以自己的实践来丰富、完善"纲要"。

"苟日新，则日新，又日新"，期待着你的实践，通过数年努力，形成自己的教案集或"小学语文学科教学论"，独一无二，焕发个人的色彩与光彩。这就是"纲要"的使命。

2014 年 2 月

拓展阅读

谈永康：《三年级第二学期课程纲要》

郑艳：《五年级第二学期课程纲要》

设计观课记录　　提升教研品质

橘黄的灯光，迷人的夜色，岁月静好。开始写这篇文章，20多年前的一个人、一份表格突然跳了出来。

那是毕业前夕，回到老家的一所小学实习，我忘记了是什么活动，市实小校长赶来听我上课。课后，这位校长找到我，说了不少鼓励的话，末了，指出我这节课的一个问题：面向全体不够。老实说，一个班，四五十个学生，面向全体，真是很难。但是，"面向全体"也是我当时信仰的理念。也许，校长看出了我的困惑，他微笑着，打开手头的听课本，上面是一份听课表，每一个格子代表一位学生，我这节课请了哪些学生朗读课文、问答问题，他都一一记录在案。这份听课表，让我眼前一亮，这是我第一次看到这样的听课记录。同时，我脑子里轰的一下，啊，我请的怎么老是这么一些学生？

一张图表，胜过万千语言！

之后，我上过一些公开课，也有人评课，但是再也没有这样的"数据"来震撼我；之后，我听过很多课，也看过同行的听课笔记，很遗憾，我们的笔记好像是蹩脚的摄像机，总是想详尽记录教师的一言一行，却总难以完整记录。

相信这样的感受，诸位或多或少都有过。

去年面向大家的调查问卷显示：听评课是大家最喜欢的区级教研活动形式。围绕课堂，展开真诚而深入的讨论，是提升活动品质的必由之路。因此，这两年，在教研活动的课程化进程中，我们追求有深度的研讨、有高度的教研，重要举措之一就是设计听评课工具。

173

去年，我们首先设计了"纲要信息流程图"，主要目的是看教学目标如何实施以及是否达成。这一工具以教学关键环节为经线，以教与学的活动为纬线，用不同图标及少量文字表示不同的教学活动，扼要而形象地展现教学过程。在交流听评课体会时，交流者出示此表，大家就一目了然。最大的好处是，上课老师、听课老师以及评课老师就此交流，彼此没有障碍，较少误解，容易共鸣，也可以争鸣，把研究活动有效推向深入。

接着，我们设计采用了第二个听评课工具——片段实录。教研活动一般都有准备，因此，参与活动的老师都会拿到教案，根据活动主题，听课者可以选择一个教学片段，利用录音笔或者笔记本电脑，把相关教学过程真实、完整地记录下来。这样，在交流时就可以抓住"一点"，虽然有"不及其余"的弊端，但是，因为言之有理、言之有据，可以激活教研氛围，带动老师思考，研讨也随之深入。

随着认识的提升、探索的深入，大家越来越觉得，仅有这样的观课记录是不够的，必须开发出更多的工具，让课堂更加全面、完整、深入、立体地呈现。要解决当前教研活动中"有结论无证据""有实践无研究"的问题，我们必须开阔视野，多学习，多研究，争取更进一步。

诸位也许会问，这件事怎么做？

一是谁来开发观课工具？

毫无疑问，是我们老师。我在《我们每个人都在创造》中讲述了九亭三小老师这方面的创造。他们的实践表明：开发观课记录贵在尝试，不吃螃蟹永远不知道螃蟹的美味。

观课工具的设计高不可攀吗？让我们回到20年前，曾经让我"大吃一惊"的数据，其实与大家熟悉的座位表颇有关系。这份表格很简单，也很好操作，大家既可以用来听其他老师的课，也可以请一位老师来听自己的课，看看自己的教学在"面向全体"方面做得怎样，以便得到准确的教学信息，获得明确的研究数据，再进行教学的改进。这一活动的主角是谁？是教师，所以，开发观课工具的主角也应是我们教师。

二是怎样开发观课工具？

开发工具应该有一个基本的方法，可以反复操作。根据华东师大课程与教学研究所一批学者的研究，观课工具的设计一般要经历这样几步：首先要明确我想要解决什么问题，要解决这一问题，需要哪些证据，即要从课堂上获得哪些方面的信息；这两个问题解决后，才是设计观课记录。一旦设计出来，可以先在小范围内试验，修改完善后再批量使用。

这个学期我研制了一份观课记录表。与大家一起分享。

"学的活动"听评课观察记录

学校：_____　　教师：_____　　____年级____班

课题：_____　　时间：____年____月____日

学习水平：记忆 / 理解 / 运用 / 分析 / 评价 / 创造

板块	学的内容	学的实施	是否本体性学习内容	学习水平
揭题导入				
逐段讲读				
小结提升				
板书设计				
定性评价				

这份观课记录主要针对两个问题：一是语文课非本体性教学内容偏多，字词句段、听说读写的训练不够；二是语文与思维密不可分，但语文教学在实施时很容易忽视学生的思维发展。问题明确后，要从哪些方面收集信息呢？我认为要从关注"教"转到关注"学"上来，因此把学习内容、学习过程等作为观察记录的要素，翔实记载，并对之即时归类：是本体性教

学内容吗？学生思维处于什么水平？根据美国心理学家布卢姆的教育目标分类学，在认知领域的学习目标可以分为记忆、理解、运用、分析、评价、创造六级，前三者属低阶思维，后三者属高阶思维。

我带着这份观课工具参加一周蹲点调研活动，一边听课，一边记录，一边改进。之后又有机会到学校调研，运用修改后的观课记录表，我得到了一些被忽视的信息与数据。比如三节语文课上，学生的学习绝大多数时间停留在记忆、理解与简单运用的水平上，只有一堂课有三分钟时间，引导学生进行了评价层次的学习。这几年我们参加市里"绿色指标"质量监测，发现学生高层次思维能力比较欠缺，症结就在我们的家常语文课上。

三是如何用好观课工具？

实践是检验真理的唯一手段，也是检验工具效度的唯一方法。既然是专业工具，就要在专业活动中实践检验，需要用专业程序来保障，一般需要经历课前会议（交流）、课中观察与课后会议（研讨）等几个环节。课前有必要的解释说明，让听课者明白为什么要用以及如何使用；课中分工合作，专注记录；课后要充分交流，通过反思来完善观课工具，推动有效研究。

观课工具，是教研活动永恒的话题。以上文字是我一边学习一边实践一边反思的产物。上海基础教育的高质量因为"PISA"测试闻名全球，而上海高质量的教研活动成为归因之一。我们就有必要，也有信心，把教研活动做得更加精致，更有品位。在这一过程中，我们应该有一个学习的大脑，有一个山谷般的胸怀，学习再学习，研究再研究，让教研活动早日告别没有证据也没有数据的日子！

2014 年 4 月

拓展阅读

　　谈永康：《活动对中年级学生习作的影响》

利用听评课工具　提升现场学习力

　　10年前，新课程改革伊始，在某次培训中，我听到专家讲述一位中国教师赴英国学习的故事。

　　有一天中国老师听了英国老师的一堂体育课。这堂课要教学生某一体育舞蹈。可是，课堂自始至终都很乱，学生跳啊跳，开心是开心，但是老师教的标准动作、技巧，学生好像没掌握好。放到国内，这样的体育课不要说出色了，就是一位新教师，也不敢这样上。更让中国老师吃惊的是，上课的女教师竟然穿了一身红礼服，还蹬了双高跟鞋。这真是匪夷所思啊。

　　课后交流时，中国老师表达了自己的困惑。

　　英国女教师也很困惑：这样的体育课不是很好吗？原来这位英国教师有自己的听评课标准：好的体育课学生一定要出汗。今天这课，学生虽然有点乱，但每个孩子都很兴奋，最后汗流浃背，这样的课就是好课。至于老师的穿着，那是特意打扮的，英国老师认为这样穿，学生才觉得像跳舞的，舞蹈还未开学，兴趣已来了。

　　我久久忘不了这个发生在彼岸的真实故事。

　　我们每位老师，每学期都会听不少的课，活动时，教研组长还要大家一起评评课；区里教研活动，大多也有交流研讨的时间。这几年，我总的感觉是，听课时大家很认真，可一到评课环节，彼此就相当谦让。上台评课的，也大多就整堂课谈谈印象，说个一二三。虽然每次活动有专题，但限于时间，加之缺乏必要的技术，难免浮光掠影、蜻蜓点水。

　　能不能设计一种听评课工具，用它来作为听课的支架、评课的依据呢？这个月，我们在实验小学组织"学得充分"专题活动，首次运用新设计的

《听评课纲要信息流程图》（以下简称"流程图"）进行观评课，发表看法，交流智慧，思考如何改进学生的语文学习。课后，教研组长们极其认真地完成了"流程图"，高铁男、胡海杰等老师还上台发言。虽属首次尝试，做得也不够精致，但是大家颇感兴趣。

为什么要设计"流程图"呢？

一是改进固有的"说印象谈感想"式的听评课模式。

这种基于印象与经验的听评课，难以保证"执教者、评课者、听评者"的一致性，容易造成"你上你的，我评我的，他想他的"的情况，教学研讨活动的质量与效益可能要大打折扣。

二是以工具为支架有效提升我们的学习力。

老师大量的学习机会在教育教学现场，即从同行的课堂，在研讨的现场学习。因此，华东师大李政涛教授提出"现场学习力"一说。大家每天都在上课，都在课堂中跌打滚爬，为什么一到评课就会担心说不好？原因可能就是大家在调查问卷中反映的那样，评课也是一种能力，一种不同于课堂教学的能力，会上课的人不等于会评课；有时候，听课时还清楚，一到评课，就突然记不起来了。所以在期初教研活动上，有49.1%的组长希望组织"专业技能培训"。故而，设计"流程图"也是顺应大家需求，帮助大家提高听评课能力，包括现场学习力。

一、准确认识"流程图"，纳入已有认知结构

作为新生事物，我们要走近"流程图"，对其价值与内涵有必要而正确的认识。非常重要的一点是，我们或多或少积累了有关听评课的知识与经验，如何悦纳"流程图"，完善已有认知结构，是我们每个人都要做的工作。

作为听评课工具，我们目前使用的"流程图"当属初级阶段，限于篇幅，也为了便于交流，其主要针对的是语文课堂中的某一学习任务，设置5项听评课要素，分别是：语文学习任务、相应教学内容、主要教学步骤（记录学生展开的学习活动即可）、学习活动成效、课堂纲要评述。

这些要素构成了听评课的主要框架，期冀以此为支架，清晰、完整、概括地反映教学流程，作为听评课的依据。这样，"流程图"就像一面镜子，能真实地反映课堂学习状态；又像一架显微镜，利于我们深入研究学生的学习与教师的指导，解剖之，分析之，进而改进完善之。

二、大胆使用"流程图"，提升基于实证的听评课能力

最好的学习是运用。"流程图"好不好，哪儿需要修改，都要靠实践来说话。因此，我们希望老师们多实践、多运用。这里对如何有效使用提醒两点：

1. 学生学习是课堂观察的根本。

鉴于每次研讨活动对教的预设都比较完备，我们观评课的重点当落在学生身上，要多记录、多关注学习行为。语文课堂教学有效与否，主要看学生学习有没有发生，即实现有意义学习；还要看学生思维有无展开，质疑、归纳、演绎、解决实际问题等等，尽可能建立在学生的最近发展区上，让他们进行高水平的认知学习。

2. 纲要信息是课堂记录的重点。

作为听评课工具，在有限的时空内，最有价值、最有可能做好的无疑是纲要信息。一堂语文课总是要组织一项或几项学习活动，"流程图"即围绕其中一次学习任务，不同层面的学习活动，用箭头呈纵向展开，同一学习维度内的不同步骤、方式，用线段呈横向展开。学生的学习状态与结果记入"学习成效观察"一栏，听评课教师的感受、收获与建议写入"课堂纲要评述"。

以这次活动中黄欣欣老师的《半截蜡烛》一课教学为例，同是针对"抓住关键词品读文章内涵"的学习任务，不同的听评课老师依据自己的记录，发表了各自的评述，有理有据。张泽学校的吴军老师这样评议："引导学生抓住关键词，学习读懂课文方法。注重朗读，在理解的基础上，读得充分、深入；运用写话练习，读写结合，加深体会。"民乐学校的吴蒨老师这样评述："'读'与文本学习水乳交融；'议'与理解文章关键词及文章内涵紧密联系；'写'与感受人物品质紧密结合。"佘山学校的胡海杰这样评课："学生能根据人物特点，真情朗读。通过比较、朗读、想象的方法，学习有'法'可依，有章可循。教学思路清晰，重点难点把握适度，学生理解透彻。"收获在交流中增加，思维在碰撞中活跃，评课在运用工具中深入。

以上尝试，是我们提高听评课专业能力、提升研修活动品质迈出的"万里长征第一步"，贵在行动，也希望得到您的支持，反馈您的实践收获与改进建议。

2013 年 3 月

拓展阅读

崔允漷：《课堂观察：为何与何为》
李政涛：《现场学习力：教师最重要的学习能力》

用有效证据推进我们的研究

2010年8月，我有幸参加华东师大课程与教学研究所的骨干教师培训。当时天很热，比炎热更让人着急的是任务完成不了——导师要求每人一个课题。我将做了几年的有关民主的课题上报，但是导师"我听不懂你要研究什么"的话，犹如一盆凉水。导师接着说，你们语文老师，几乎都一个样，体会多，经验多，就是你说一点，我说一点，谁也不听谁的。

一个月后，我有机会再度走上教研员岗位。我开始反思自己近20年的小学语文教学与教研工作。这20年，似乎做了不少课题，上了不少研究课，也写了一些研究文章，但是，为什么教育研究的教授这么看我们？我想起多年以前一位外国专家对中国教育研究的批评：研究多，但好像都不能改变什么现状。

老实说，我是纳闷的，甚至还有点委屈，我们只是小学语文老师，我们做了很多，做得也不可谓不辛苦，为什么我们的教学得不到社会充分的肯定？为什么我们的研究得不到外国同行足够的尊重？

我们的教学与研究总是认真而投入，但常常基于经验。要上课了，我上出来的是我的课，他上出来的是他的课；研究一个问题，我有什么心得，你有什么体会，你说你的，我想我的，交流时也会心动，回去基本不动。有专家评价，这样一种"问题—实践—总结—经验"的研究范式，针对性强，老师易于接受。但这样的研究方法往往产生如下问题：问题提炼不够，目标较为宽泛，证据相对缺乏，问题、目标、证据、成果的一致性较差，导致普适性较差，可推广性也不强。

基于此，福建师大潘新和教授提出"语文教学研究呼唤科学态度与理性精神"。的确，在 21 世纪的教育洪流中，我们的语文教学与研究需要有的放矢，要继承，也要创新，寻求出路须有新的视角和思维。路在何方？改进、完善，在基于经验的基础上推进实证研究。

实证研究，就是运用比较严格、系统、客观的程序来获得可靠、有效证据的研究方法。这样的研究有几个特点：一是提炼实践中的真问题；二是采用科学的程序方法；三是注重工具研发和使用；四是体现证据的整合互补；五是基于证据诊断与改进。

对实证研究的感性认识，我大概始于华师大教授对习作课题的指导。当时跟中山小学、泗泾小学等的优秀老师合作，研究把"语文课程标准"的精神落实到课堂，对班级每一个学生的作文能力进行跟踪，获得了大量宝贵的数据，这些证据与课例的整合互补，大大推动了我们区域的作文教学改革。

当时最大也最出乎意料的体会是：数据推动着我们思考，学生的发展催促着我们改进。比如我曾经跟各位组长谈到的作文字数的问题。也就是说，实证研究，一下子把我们研究的重点、落脚点，从教转向了学。这种转变是彻底的，是真诚的。

近 4 年的实证研究，在作文领域有所得之后，我们开始有意识地向阅读教学推进。2013 年 11 月，岳阳小学的陈璐老师以《桂林山水》为例，设计了阅读能力量表，课后即时采集数据，陈老师针对少数学生存在的问题进行了跟进辅导，让每个学生都达标。2013 学年，我们还一起研制了一、三、五年级学生阅读能力量表。这些量表尚待完善，但为实证研究提供了必要的基础与条件。

这个月，我们在民乐学校开展了"基于证据的阅读教学研究"，大家一起参与，体验到上课的老师对教什么、怎么教更明晰了，参与交流的老师更多了。除了课堂观察，我们还得到了来自学生的大量数据。我觉得这就是变化，而且是美好的变化。

这样的实践值得大家在自己的教研活动中试一试。为此，让我们再来梳理一下这次活动。活动的路径是：课前会议—课堂观察—课后会议—学习数据收集—教学诊断与改进。

活动的内容主要有：

【课前会议】执教教师对教学内容与方法做简要说明，便于听课教师迅速进入角色，整体把握，发现课堂观察的重点与兴趣点。一般借助四个问题进行交流：

1.该课的教学目标，即学生在这堂课上将会学到什么？

2.怎样调动学生参与到教学中？你怎样做？学生怎样做？

3.在这一领域，学生面对的主要困难是什么？你打算怎样去克服这些困难？

4.你打算从哪些方面去收集信息来评定学生学习成就？

【课后会议】执教教师即时交流上课感受，一般也有四个问题作为交流的支架，分别是：

1.据我回想，班级学生在多大程度上参与了教学活动？

2.学生都学到了我想要教给他们的东西了吗？我的教学目标达到了多少？

3.在教学中，我是不是改变了我的教学计划？如果改变了，为什么？

4.如果有机会再次给同样的学生上同样的课，我会在教学时做出哪些调整？为什么？

课后，学生完成《阅读能力评价表》自评。以下分别是两堂课的评价表。需要说明的是，阅读能力要素有认知、理解、评价和迁移，这两节主要完成前两种能力的训练。

《白银仙境的悲哀》阅读能力自评表

要素	分解内容	优秀	合格	需努力
认读能力	我能正确认读"清澈、五彩缤纷、安逸"等词语			
	我能有感情地朗读课文第一节			
	我能大致背诵出课文第一节			
理解能力	我了解了白银仙境发生变化的过程			
	我懂得了是人类过度的开发，破坏了环境，因此，应该保护环境			
	我能分清课文的主要内容和次要内容			

《绿毛龟》阅读能力评价量表

要素	分解内容	优秀	合格	需努力
认读能力	我能正确认读并理解"暴露、卖弄、食态可掬、通灵之性"等词语			
	我能正确、流利、有感情地朗读课文			
理解能力	我能掌握绿毛龟外形可爱、姿态高雅、食态可掬、具有通灵之性的特点			
	我能联系上下文和生活实际推想"暴露""卖弄"的感情色彩			
	我能读懂作者一家对绿毛龟的情感			
	我能读懂文章的表达顺序			

　　两张评价表根据本节课的教学目标确定，一定程度上呼应了年段教学目标。课后，学生完成自评，几位组长跟进统计，得到大量数据，现场汇报。来自学生的信息表明：两堂课教学目标完成良好，只有一位学生对自己一些方面的学习给了"须努力"的评价。由于时间有限，我们不能细细分析，但已经能够从数据与教师发言中发现一些有意思的东西，比如张芹老师在课后会议中觉得，学生"能读懂文章的表达顺序"的不多，这与学生的自我评价基本不一致。诸如此类，不能不引起了我们的注意与兴趣。相信，随着实证研究的推进，我们会有越来越多的收获与发现。

　　说专业的话，说有数据支撑的话，说有事实、理论支撑的话。是不是这样的教学，是不是这样的研究，可以让更多的人信服，也让我们获得更多职业的尊严与自信？让我们拭目以待，也让我们一起尝试。

2014 年 11 月

拓展阅读

　　张人利：《以证据支持教育研究》

　　徐淀芳：《严格的证据：教学研究进步的核心》

我们该如何使用语文书

一本语文书教一个学期，一个学期教一本语文书——多少年来，这似乎都已成了天经地义的事了。

可是，山东的韩兴娥老师只用两个星期，就将一学期的语文书教完了，而且，不再布置任何与课文相关的作业。据介绍，从三四年级开始，韩老师就指导学生把教材作为读物来读，开始是一课时教一篇课文，然后是一节课讲 2—4 篇课文。课本教完了，韩老师就引导学生进行课外阅读，三四年级的阅读量是普通班学生的 10 倍以上。她总结为"鲸吞牛食"法，即多吞食，少咀嚼，再反刍。五年级则进入第三个阶段，读古典的、文言的东西，包括读《中华上下五千年》。进入六年级，学生开始通读《论语》《道德经》《世界上下五千年》，教学方法还是以读为主，不求甚解，不做具体的要求，学生能理解多少就多少。六年的实验下来，体现在学生身上的效果是：课堂上出口成章，引经据典。

韩老师的故事，大家可能早有耳闻，今日重提，是跟想大家一起思考：多少年来，"语文教学就是教教材"的观念、行动要不要反思？

我读过特级教师霍懋征老师的文章，她带三年级学生，一学期竟教了 95 篇课文。做这一切时，霍老师没占学生的自学时间，也不给学生多留作业，只靠每周 8 节课，基本上做到了当堂内容当堂消化。课外作业量最多不超过半小时，而学生的听说读写能力有了很大提高。

一位是可敬的杰出教师，一位是教坛名师，两位都在探索，也都取得了成就，给人诸多启发：一是两位都有思想，都没有"跪"在语文书前，教语文不是只教一本语文书；二是两位都有强烈的课程意识，为了提升学生的语文素养，都非常重视阅读积累。

语文老师应该有课程意识，这是我想跟诸位交流的重点。

"我是教语文的，不是只教语文书的"，这样简单的言说，能否涵括"课程意识"的丰富内涵呢？当然不能。

"我是用语文书来教语文的"，添上这句话，或许逼近了"课程意识"的本质。

读过王荣生教授的文章，你一定会认可语文书是教学内容的重要成分，但它不过是一种成分这一观念。

课程意识下的教学内容，"主要是指教师为达到教学目标而在教的实践中呈现的种种材料及所传递的信息。它既包括在教学中对现成教材内容的沿用，也包括教师对教材内容的'重构'——处理、加工、改编乃至增删、更换"。[1]

那么，就让我们"站起来"，在课程意识引领下去用好语文书，就像我们在过去两个月一起研究的那样。当语文课程标准还只是一个能力标准、没有明确的课程内容时，我们每走一步，都必须从课文资源的开发、教学方法的优化转移到教学内容的研制上来。

不同类型的课文有不同的特点，可以发挥其不同的功能，达成不同的语文课程目标。

第一，对需要"经典训练"的课文，要"精读深究"。

古诗文、名家名篇等，是语文课程规定的内容要素之一，就需要带领学生细嚼慢咽、全盘消化。"经典训练"系朱自清先生所说，他认为"经典训练应该是一个必要的项目。经典训练的价值不在实用，而在文化"。9月我们一起研究《手术台就是阵地》，就是按照这样的想法备课、上课的。白求恩大夫的故事及人格，是"意"；学习归纳大意、理解关键词语表情达意的效果，是"言"。言意兼得，既打下语文的底子，又打下精神的底子，两手都要抓，两手都要硬。这种课文，其实是用教材教语文、教做人，语言的理

[1]　王荣生《语文科课程论基础》，上海教育出版社2005年9月第2版，第247页。

解、运用是跟文学（文化）、审美、人格的教育水乳交融、相辅相成的。

第二，对需要用作"例子"的课文，要抓住一二，不及其余。

语文书中，多数课文应该这样：通过学习，学生获得读与写的知识、技能，即语文课程标准中规定的事实、概念、原理、技能、策略、态度等。亦即叶圣陶先生主张的"语文教本只是一些例子"，以此"历练方法"，学习怎样阅读、怎样写作。10 月份，沈君老师执教《想别人没想到的》，即出于这样的思路，一课时即教完。除了学习生字新词外，主要的教学内容就是一个：读懂画师的一段话，看看作者怎么表达"想别人没想到的"才能把事情做好。这是与语文课程标准中年段相呼应的一种能力训练：联系上下文，理解词句的意思。

有了课程意识，如何使用好语文书仍存有诸多问题，但这是一个极有实践价值的命题。也许，我们探索的步伐有些蹒跚，但，我们改进教学的决心是真诚的，态度是坚决的，每一堂课我们都追求着朴实与扎实，每一个月我们都在躬身自省：这一段时间，我们学生的语文水平究竟提高了多少？

2011 年 11 月

拓展阅读

霍懋征：《我是怎样做到一学期教 95 篇课文的》

王荣生：《语文教材与教学内容》

学会评价，有效教学

每个学期，我们都要到一所学校进行为期一周的调研工作，在听课中，在问卷中，在与语文教师的聊天中，我们发现了一个较为普遍、亟需引起注意的现象，那就是学业质量评价的负面影响。

作为一种评价手段，考试（考查）有利有弊，发挥其积极作用，对语文教学起正面引导作用，这是我们追求的；反之，则须旗帜鲜明地反对。例而言之，一年级考查中随意设置阅读题，要求学生标小节号，寻找有关信息，有的还要求学生提炼概括去完成填空……一年级学生要不要发展阅读能力？答案不言而喻。但是这种能力的发展主要通过课堂，主要以教学的形式进行。如果以练习代替教学，甚至人为拔高要求，那么，这样的评价就会误导教学，其结果必然是大量占据学生业余时间，在揠苗助长的过程中使得孩子兴趣全无，损失不可谓不大。

写到这里，想到一位语文名师跟我聊起的一件事，听中学老师的语文课，发现他们教什么，甚至教到什么程度都特别清晰，跟我们小学语文完全不是一回事。何以有这样的区别？也许是因为中学有一本《上海市初级中学语文学科教学基本要求》，全面、清楚地呈现了初中阶段要学的语文知识、技能。

看来，唯有清晰的评价标准，才能让教学有的放矢、有效实施。

小学语文也有评价标准，那就是国家与上海的语文课程标准，但因为是能力标准，与教材的直接关联度不是很大，加之课标在行文时把三个维度的要求放在一起，显得笼统，操作无疑有难度。反映到实践中，往往出现这样的问题：一是教学与评价两张皮，评价标准与教学要求不相一致，甚至有较大差距；二是评价不清晰，作为课程实施主体的教师，包括学生，其积极性、创造性难以很好发挥。

可以说，学习课标，把握要求，科学评价，是学会教学、学会创新的必由之路，因为只有学会了评价，才能做到：（1）教有方向——教师可焕发创造性，"自己的地盘自己做主"；（2）教有质量——目标明晰，教师可随时针对学生的"长短得失"进行调整与矫正，以提升教学质量；（3）教有民主——若与学生一起明确学习结果与标准，就好比给了学生旅游目的地与方法，利于学生自学。

那么，在掌握标准、学会评价这个问题上，我们怎么办？

一、明晰结果，掌握方向

小学语文教学要做到什么？语文课标已经说得很清楚，"九年义务教育阶段的语文课程，必须面向全体学生，使学生获得基本的语文素养"。

全面提高学生的语文素养，这不是一句口号，而是扎扎实实的行动。理念指导实践，科学全面地理解语文素养，我们的教学才能行走在正确的道路上。

虽然人们对语文素养的分类还有分歧，但有一点认识是相同的，语文素养包含了语文知识和语文能力，而语文能力是语文素养的核心要素，语文教学应以语文能力培养为主线，在语文能力培养过程中丰富学生的知识与策略，发展学生的思维和情感。下面是笔者试着提出的"语文素养关键概念图表"：

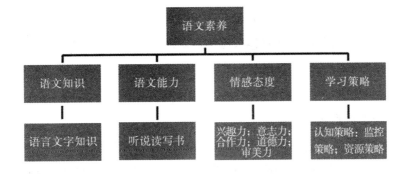

语文素养是建立在语文知识、语文能力、情感态度、学习策略等综合发展基础之上，辩证处理三维目标关系的结果。其中，语文知识、语文能力是形成语文素养的基石，我们老师普遍重视。而情感态度与学习策略是影响学生语文素养形成的重要因素，是语文学习结果的必要条件和支持性条件，这一点需要我们在思想上重视，在行动中落实——认知往往受情感驱动，因此，培养学习的兴趣、锤炼学习的意志等显得十分迫切与尤为重要。某种程度上，兴趣是学生的第一能力。而这种兴趣的培养，又需要老师持之以恒地努力与日积月累地熏陶，"亲其师信其道"效应在语文学习中更为明显。

二、明确措施，改进过程

冰冻三尺非一日之寒，在明晰学习结果后，我们需要在每一天的教学中，在每一堂语文课上都有所行动，以实践去贯彻落实相关评价标准。

1.明确年级重点

在不少课堂上，我们都能看到低中年级语文教学高段化倾向。即使一年级，只要教课文，我们老师也往往陷入概括大意、分析内容的教学套路中。这跟我们没有明晰的年级语文学习目标有很大关系。低年级的教学应以字词句为主，在模仿中学习基本的、规范的短语与句式；中年级的教学应抓住段，体会句子间的关系，学习基本的段落形式；高年级的教学应从整体篇章入手，探寻作者的行文思路，学习作者如何遣词造句与谋篇布局。

2.课程教学作业一致化思考

明确了年级语文学习标准，下面要做的工作就是把能力细化、融化到每一篇课文的教学中。在具体实施时，要体现课程标准、教学目标、学生作业的一致化，语文学习就是一个学学练练的实践过程。具体做法可以参见2012年5月"与语文教师书"《课程教学作业一致化思考》。

3.改进单元练习

学习受反馈推进，目前常用的反馈方式之一是单元练习。单元练习普遍存在语文知识与能力千篇一律、区别不大的问题，我们要从年级目标、教材单元训练重点等方面确定单元学习内容，有效融合到教学中，并通过单元练习来检验学生掌握与否，达到扬长补短、"做过全对，考过全会"的目的。

4. 研制评价工具

过去三年，我们尝试研制作文教学评价工具，推出了各年级评价量表与习作细化量表，收到了比较理想的效果。从这个月开始，我们将用系列教研活动，尝试编制一年级阅读能力评价量表。整个研制过程，大家都是参与者，希望诸位出点子、提建议，试着一起去解解阅读教学这个"模模糊糊一大片"的难题。

写到这里，突然觉得评价的话题有些大。而我所说的，似乎不全是评价。所谓的"学会评价"，更准确地讲是一种评价的意识，也就是依据课程标准指导教学，改进教学——这个实施与改进的过程，就是评价不断深入与推进的过程。

很多老师都会说："我不是领导、专家，不是出卷子的人，我的评价有什么意义？"错了，你的评价很重要。有人这样形象地评价教师的教学自主与权威："关起教室门就是我最大。"对学生来说，领导、专家都不重要，最要紧的是你怎么看他们，你的评价，是炎炎夏日里的甘霖还是三九严冬的冰雪，都取决于你。

我要提醒大家的是，在我们的评价理念里，一定要有一个"保底不封顶"的概念。学生的发展总有差异，总有快慢，在合格的基础上，让学生各走各的路，各开各的花，这才是我们老师要做好的。

2013 年 10 月

拓展阅读

崔允漷：《教师：请你先学会评价再来学上课》
徐淀芳：《学业质量绿色指标实践研究》

走向高品质的教学研究

光阴似箭，日月如梭，担任区小学语文研训员已三年有余。这三年中，我们一起上课、听课、评课，一起学习、探讨、交流，目的只有一个：今天要比昨天教得更好。如果再加一句话，那就是"为中学输送合格的小学毕业生，让每一个孩子都在人生路上走得更远"。

在中国梦背景下，写下这样的话语，似乎并非不合时宜。

倒是10多年前，我在苏州吴江担任小学语文教研员时，一夜间写下《理想的语文教育》一文。那时朱永新教授是苏州的分管市长，"新教育在线"花开正艳，旁边的看客如我，大多是而立之年，正好做梦。

今又岁末年初，我们中国人总是习惯回头看，发现自己梦未醒，而白发已生，向前望，路依然，好在有梦。

上个月，我们全区1—5年级的语文备课组长集聚上师大附外小举行专题教研活动，活动中，我作了一次发言，小结这几年松江小学语文走过的教研路。现在整理出来，好与各位再做一次深入的交流，希望听听诸位的想法与建议。

一、在目标追求上，从课改理念走向行为改进

学习始终是老师立身之本。于漪老师一直说："智如泉涌，行可为表仪者人师也。"老师的学习，当止于至善，即在行为上表现出"大真、大爱、大诚、大智"。现在我们似乎不缺理念，甚至不乏口号，最难的是化理念为行为，即以学习为载体，把先进的课改理念变成教学行为。比如在阅读教学中"关注表达"这一理念诸位早已耳熟能详，以前的研讨课多在

结束前安排一次说话或写话，有时也在课中穿插，目标大多指向总分段落的读写结合。现在的课已经时时处处在"关注表达"了。上个月陈宗明老师上《智烧敌舰》，上课伊始就出现了三篇写人课文的开头，对三年级学生巧妙渗透习作开头"类"的概念。再上个月，岳阳小学陈璐老师教五年级《桂林山水》，学生在学完2—3节后，欣赏了一段"黄山奇石"的视频，然后学习这两节的表达写一段话。这样的教学看似跟以前的读写结合差不多，但是很大的不同是这堂课从第一分钟开始，就在为这次能力迁移做准备了。以上列举的种种改变，有力地说明：开始是被"关注表达"，现在正主动"关注表达"。这才是"美丽的转身"，当然这种转向还要继续研究，可以做得更好。

二、在内容安排上，从零打碎敲走向整体综合

从教 20 余年，我一直跟语文教学打交道，耳闻目睹的教研活动大致可以分这么几个层次：一是"完成任务型"，时间到了，大家一起排排坐，读读要学习的文章，或者组织教学评优，大家听课，活动结束也就结束；二是"临时主题型"，在活动前想个主题，好于第一层次，但也缺乏连续性；三是"学期专题型"，郑艳老师上个学期组织的"语文教学内容确定"活动，这个学期我组织的"基于课程标准的一年级阅读教学研究"等，尝试聚焦在一点，把专家讲座、课堂研讨、听课交流、学习小结等结合在一起，形成教研与教改相融合的"合金"。诸位组长是亲历者，一定有感受。当然，这种"整体设计"还可以向一学年，甚至更长时段延伸，这就是课题研究了。以我的经验来看，教研活动课题化是可能的，而且能从根本上提升教研活动的品质。

三、在活动形式上，从自由随意走向系列整合

区级教研活动一般都有严密的计划性，以听评课活动为例，像 12 月吴春玉、任晓燕老师的课，前后备课、磨课近两个月。但是评课就有难度，以前交流评课主要基于印象与经验，难以保证"执教者、评课者、听评者"

的一致性，容易造成"你上你的，我评我的，他想他的"的情况。这几年，我们做了几点尝试。一是围绕专题评课。如10月贾志敏老师上了《脚印》，陆老师等人从语言学习角度进行评课。分而评之，交流就比较深入。再如顾儒枫老师上《风姑娘送信》，就依据阅读能力构成，从感知、理解、迁移能力等不同的角度切入，评得颇有新意。二是运用听评课工具，作为交流探讨的支架与依据。上半年在实验小学组织的"学得充分"专题活动首次运用《听评课纲要信息流程图》，大家觉得新鲜实用。第二个工具是"片段实录"，这一点我运用较多，大家可以看我的博客。总之，对教研活动进行更多高位设计，并且根据需要设计观察与测量工具，让学习、交流、探讨基于证据与数据，这是我们近两年在努力实践的，挑战甚大，让我们一起加油。

四、在活动效应上，从关注活动走向帮助发展

没有不关注结果的教研活动，活动的效应应该是多方面的。从关注活动即时效果，走向帮助发展，是我们的愿望。我们着力在两点：

一是助力专业发展。一次次活动，得到的往往是学科专业教学知识（经验）的碎片，组长回校后难以传播、分享，于是我们注重了活动的后续——有资料分享，如黄欣欣等老师上课全部做了课堂实录与教学反思，发到公共邮箱；有专题小结，主要是通过"每月与语文教师书"，总结经验，让每一个老师知道；有学习跟进，围绕专题，推荐这方面的专家文章，省却大家搜寻之苦，老师们想看就看，有空就看。

二是助力教师发展。这两年公开课多了，开课的大多是中青年老师，主要是青年教师。让我们的好苗子更快更强更高，这是我们的愿望。

以上想法，是我们服务教师、提升教研活动品质迈出的"万里长征第一步"。贵在行动，希望得到学校教研活动的呼应。以下三大意识，希望我们一起做得更好：

第一，增强目标意识，教要想得清晰、说得明白。

语文教学要全面提高全体学生的语文素养。语文素养是什么，我曾在

每月与语文教师书

"每月书"跟诸位做过交流。一个小学生毕业，到底应该达到哪些目标，概而言之，是这么"四个一"：说一口流利的普通话、写一手漂亮的汉字、写一篇文通句顺有内容的作文、背一定量的诗歌与经典类文章。当然，这是看得见的"冰山"，"冰山"之下，是情感，是思维，是人格。一是兴趣。兴趣是第一能力。当务之急是，教的、学的要跟作业、测试等一致起来，不要让过重的作业负担扼杀孩子的兴趣，特别要减少字词句孤立的机械训练。同时，要早日带学生步入儿童文学的世界，走进一本本科技、人文好书，在运用语文中让兴趣之火熊熊燃烧。二是思维。每学一篇课文，每写一篇习作，学生都能带着问题，多一点探索和建构，千万不能用反复做题、简单背诵非经典文本来代替对于真实世界、对于语文规律的理解与探索。三是人格。贾老师教"鞠躬"，就是在教做人。

第二，增强交流意识，教要分享问题、互换经验。

交流意识，就是研究意识，就是团队意识。每个人都"打开教室的大门"，每个人都在活动中发言，有更多的老师通过博客、邮箱等跟我们交流，这是我们期望的。现在我们有博客，大家随时可以跟帖交流。我们也有公共邮箱，大家可以下载学习，好东西可以发来分享。我们还办了《悦读》，每期都发到了邮箱里，希望得到更多老师的交流。这几年，车墩的桂启平老师，小昆山的张旭老师等等，都是在交流中认识的，为我们松江区贡献了自己的经验。我们希望有更多的人参与。

第三，增强成果意识，教要及时小结、梳理提升。

我们提出语文老师专业发展模式——教学做讲合一。教是基础，学是保障，做是改进，讲是交流。学生的学习成果要留下，教师自己专业发展的成果也要留下来。我们举办过朗读、案例撰写、论文评比等活动，让老师们感受、贴近成功。上述提到的发展模式我们在教研活动、培训活动中已经尝试，过去这个学期上台交流的陈爱君、陈宗明、刘钦腾、李辉灿等老师就是这样。现在我们已经跟几位正在改革攻坚的老师做了预约，请他们今年9月份来交流经验，让我们期待。

今天要比昨天教得更好——这就是理想的语文教育，也当是我们每个语文老师的追求。唯有这样，我们才会教得更快乐、更幸福。我以为，教研活动存在的价值，就在于提供了同伴互助的可能。当别人在舞台上的时候，我们会做在台下鼓掌的那个人；当别人在"自留地"里困惑的时候，我们会做伸出手的那个人。这样，当我苦恼时成功时，就有人分担，有人分享。

我一直梦想着，教研活动是以"语"会友的地方，是允许出错的地方，是坐而论教、更是起而兴教的地方。那么，若干年后，白发苍苍的我们可以说：吾有志而不能至者，可以无悔矣。

2014 年 1 月

拓展阅读

侯丽娜、刘世斌：《主题化、系列化教研活动的策划原则、流程与评价》
蔡小平：《构建常态校本教研活动的绿色平台》

语文教师功底

读读《给教师的建议》

放寒假了，总要做些什么，首先想到的是读点书。

这是"三九四九，冻作一团"的日子，且要紧的是守岁拜年，时间如此零碎，读什么？

我想起 2000 年的那个冬天——

好多个夜晚，裹着一条毛毯，在狭长的书房（未装空调）里捧着一本书，读得昏天黑地，读得热血沸腾。

世界上还有这样的教育文字！

世界上还有这样的教学研究！

那段时间，我一边读，一边写，一周内完成了 4 篇教育文章，1 万余字。这是我走上三尺讲台后"史无前例"的一周。

之后，我再难遇到这样的教育书籍。

之后，我在一篇文章里说，如果只允许带一本书过一生，那么，我的选择无疑是它。

这本书就是《给教师的建议》，作者是苏霍姆林斯基。

一个个的章节，都不长，却实在，引人，像一幅幅画、一支支歌，你喜欢，你有时间，可以连着看、不断听；倘若你的时间不多，可以只看其中一幅，只听其中一支，你同样会有所得，有所思。

这本书，我曾推荐给工作室成员，并组织过一次读书会。交流后，请几位老师又花时间从不同的角度写了心得。我也写过一篇读后感，文中提到的感受现在依然澎湃，现在与你分享——

这是一本读来亲切的书。

读目下的多数教育书籍，包括媒体上的某些论文，简直比自己写文章还累，几近"眼睛的牢狱"与"心灵的折磨"。

但《给教师的建议》不！苏霍姆林斯基没有、大概也不想以教育家的身份，用校长的口吻（尽管他就是校长）对教师进行空洞的说教和长篇大论的理论阐释。他提炼出教师工作中经常遇到的棘手难题，有针对性地提出建议，每一条建议都结合生动的教育实践来说，因此他就好像坐在你的身边，微笑着，与你娓娓而谈，可谓是"坐而论教，起而兴教"。

奥·苏霍姆林斯卡娅教授在给教育科学出版社的信中这样评价他的父亲，苏霍姆林斯基的全部著作都是面向教师、教育家、教育者、父母和自己孩子们的。他把自己的思维、思索、建议和见解全部倾注在了他的著作当中，即怎样培养"真正的人"。教师和父母应当历经何等艰难之路，才能使孩子成长为好学上进、聪颖、心地善良而高尚的人和好公民。

因此，这书不是方法、技术之作，而是实践大作，心血铸就。

因此，我常常是把《给教师的建议》当成睡前难得的思想与精神的享受来对待的。

"思想应该像高大的橡树一样坚强，像出弦的箭一样有力，像烈火一样鲜明。真理的坚定性，真相的鲜明性和思想的不可动摇性，是从同一个名叫困难的源泉中涌出的泉水。

"亲爱的朋友，请记住，学生的自尊心是一种非常脆弱的东西。对待它要极为小心，要小心得像对待一朵玫瑰花上颤动欲坠的露珠，因为在要摘掉这朵花时，不可抖掉那闪耀着小太阳的透明露珠。

"正因为有一条鲜明的对象、画画、知觉、表象的清澈的小溪不断地流进儿童的心田，所以儿童的记忆才那么敏锐和牢固。"

…………

读着这样的书，我不免会忘记自己是在读书，仿佛徜徉在情感的无边旷野，飞翔在思想的万里晴空，品味着一首首灿烂的教育诗篇，观赏着一片片绚丽的人文风景……

这是一本引领教学研究的书。

我是读着《给教师的建议》走上研究之路的。

《给教师的建议》告诉我们要"想克服负担过重现象，就得使学生有自由支配的时间"，要"教会儿童利用自由支配的时间"，研究"让每一个学生都有最喜欢做的事"，应该"使儿童愿意好好学习""要思考，不要死记"。学生的"学堂"不只有教室，不只有学校，自然、社会均是学生"智慧发展的源泉"——"到自然界去'旅游'""带孩子做环球'旅行'"等等。这种境界，不正是教育教学研究的理想？如果没有这样的出发点，我们的教育研究究竟能够给孩子带来什么？

《给教师的建议》还告诉我们：思考，思考，再思考！读《给教师的建议》这一著作，你会觉得苏霍姆林斯基简直是一个行走的思想家，他时时思，处处思，事事思，在思中做事，在思中改进，因此，他的许多想法、观点都新鲜而深刻。他是如此敏锐地看到教育当时以及以后的问题，并且做出如此完整而深刻的思考。读他的书，让人对语文教学，对人的教育产生新的认识、新的升华。

今天，大家都认为思考与反思是教育研究的重要方法与素养。读苏霍姆林斯基，你会跟他一起思考，你就这样静悄悄地走上了研究之路。

这是一本可以改变行走的书。

《给教师的建议》指点我们从实际出发做研究。看看这样的文章题目——"要爱护儿童对你的信任""怎样教会头脑迟钝的学生解应用题""怎样教育学生热爱劳动""提高教育质量的几个问题"等等，你就清晰了：用自己的眼睛观察，用自己的头脑思考，用自己的实践解决，这就是普通而伟大的苏霍姆林斯基。

《给教师的建议》指引我们带着火热的心来做事。在这本书的代前言里，苏霍姆林斯基写道："我在帕夫雷什中学工作的年代里，同刚开始工作的年轻教师举行了无数次会见和谈话，收到过他们成千上万封信，从而促使我不得不写了这本书。"没有热情与激情，就没有《给教师的建议》，也就没有那所闻名世界的帕夫雷什中学。

《给教师的建议》教导我们用笔记录自己的足迹。在35年的教育生涯里，苏霍姆林斯基为我们留下了41部著作、600多篇论文和1200篇文艺作品。他的著作和论文被翻译成30多种文字，他属于全世界。苏霍姆林斯基这样建言："我建议每一位教师都来写教育日记。教育日记并不是什么对它提出某些格式要求的官方文件，而是一种个人的随笔记录，在日常工作中就可以记。"他进而说："这些记录是思考和创造的源泉。"

《给教师的建议》引领我们做教育须先做好人。苏霍姆林斯基不仅当校长，还当班主任和任课教师。他带领全校老师在20多年的时间内，将一所被德军当作监狱的荒芜不堪的学校，改造成了花园般的世界知名的"教育实验室"。他一刻也没有脱离教育教学第一线，更没有停止对教育科学的思考与研究——他几十年如一日，每天早晨五点至八点从事写作，白天则亲自上课、听课和当班主任，晚上整理笔记，思考一天工作中遇到的问题。

苏霍姆林斯基是一座高山，是一条大河，是我们心中璀璨的那颗星。

我愿意读着《给教师的建议》，走近、亲近他的灵魂……

2012年1月

拓展阅读

李镇西：《追随苏霍姆林斯基》

语文教师当"读"占鳌头

语言学家吕叔湘先生曾介绍过这样一个戏剧课：

还是20世纪20年代时，北京大学请了美国女教师克拉克夫人教莎士比亚戏剧。上课时，她和学生一起念，她念一段，学生也念一段。念完了，她就问："有什么不懂吗？"所有需要解释的地方解释完了，她又问："你们觉得这一段写得好不好？"学生说："看不出。"她就说："再念一遍，再念一遍。"她又和大家一起念。念完了，她又问："全懂了吗？"可学生的反应不那么活跃。她又说："再念一遍，再念一遍。"于是又念了。就这么念来念去，大家就觉得这个戏写得不错，是写得很好啊！好了，就下课了。

读到这个故事，我马上想到了于永正、贾志敏两位名师。

4年前，闸北童园实验小学，于永正老师教《秋天的怀念》。课堂伊始，于老师就请学生反复读书，当听课老师都觉得学生读得很不错时，于老师却还不满意，怎么办呢？于老师说："我来读给大家听吧。"说着他就开始范读。教室里响起于老师浑厚磁性的男中音，好像有一双神奇的手开始拨动大家的心弦，末了，听者莫不热泪盈眶，有的唏嘘不止。这是怎样的5分钟啊，于老师仿佛给了学生"两只眼睛"，"一只眼睛"看着纸面，"另一只眼睛"看到纸的背后。再过渡到"品味细节、用心体会"环节，学生的体会极多极深，从"躲"字懂得母爱是母亲对残疾儿子深深的理解；从"挡"字懂得母爱是把希望留下，把绝望带走；从不起眼的"？"懂得母爱是平等，是商量，是小心翼翼；从"笑"字看出母爱是宽容、博大无私；从母亲临死前有气无力的话语懂得母爱是永远的、死不瞑目的牵挂……

再早几年，我有机会跟着贾志敏老师学习，一年的朝夕相处、同一办公室共事，让我充分领略到贾老师教学艺术的博大，也慢慢读懂了名师们对语文的一份痴迷，特别触动我的就是贾老师的"读功"与"背功"。我发现贾老师教过的课文都能背诵，就连很长的《我的伯父鲁迅先生》也能倒背如流。有一次，于永正老师夸他是"天才"时，贾老师笑了："您也相信天才？我却不信。我之所以记得住，是因为我的执着感动了书上的文字。您想，我教了四十年的小学语文，天天认真地读它们，能不感动它们？"

说这三个故事，是想跟诸位交流一下朗读的问题。正如题目所说，我们学语文、教语文，都应该"读"占鳌头。这里的"读"，在本文单指"朗读"。

一、多学习，丰富对"朗读"的认识

为什么要把朗读当作是"独占鳌头"的大事，就是因为朗读太重要了，小学生学语文，主要靠什么，我以为就是"朗读"二字。

朗读是什么？朗读是"把文字作品转化为有声语言的创作活动"。[1]

扪心自问，我们对朗读的认识，储备的关于朗读的知识，好像除了"正确流利有感情"的评价标准，除了重音、停顿、语气等技巧，就再无其他了。这个月的 12 日，我们在上外松外听特级教师薛法根老师上课与讲座，他提到了"语词感受律""引向情感律"等概念，与会的不少老师既感陌生、困惑，又觉新鲜、有益。这里向各位推荐张颂的《朗读学》一书。这书比较系统地论述了朗读的基本理论和基本技能，还阐释了朗读的特点与规律，对我们深度把握朗读有帮助。

如书的第四章介绍朗读的规律就对人很有启发。这里简单罗列一下：

语词感受律：朗读者对于作品具体语词的理解必须有所皈依，努力获得具体的感受，使听者从有声语言中承受到直接可感性刺激，并且比从文

---

[1]　张颂《朗读学》，北京广播学院出版社，1999 年 2 月第 1 版，第 2 页。

字语言中承受的要强、要深。

引向情感律：在朗读任何作品、任何语句的时候，都应把自己的思维过程、心理活动引向情感，实现由己达人的意图。

不可替换律：显示着作品语句等的具体性，要求这一句的声音形式不可被另一句的声音形式所替换。

定向推进律：在思想感情的运动线上，在声音形式的起伏线上，总有某种"制高点"，要调动各种因素和手段，沿着语言链条，向着那"制高点"的方向推进。

语言规整律：声音形式规规矩矩、工工整整，严密恰切，质朴无华，去粉饰，无虚夸，少做作，不浮飘，蕴深意，重分寸，出庄重，显从容。

二、多实践，提升"朗读"的水平

光拥有朗读的知识显然不够，还要学以致用，不断提高自己的朗读水平。

无论是于老师还是贾老师，我们都不难发现，他们高超的朗读水平都是练出来的。于老师在介绍自己的经验时说，"上海著名特级教师左友仁讲的普通话，应该说不算好。但他朗读《小珊迪》一课，却能催人泪下。他说：'我每备一课都是认真地朗读，不读上二十遍是不肯罢休的。'"我听于老师介绍自己练朗读，主要靠多听磁带，听名家朗读，然后跟着念，每天做饭时也要听，口中念念有词。

因此，提高朗读的水平，须每日不间断地读、读、读。这跟写是同一个道理。从这角度说，一位老师上好一堂课，就要读一辈子的书。

提高朗读水平，意在做一个称职的"语言医生"。前几天担任一活动的评委，听16位本科生、研究生朗读课文片段，竟有一半的人念错了"按捺不住"的"捺"，令人震惊。再想想，生活中很多字词，我们都有可能一错再错，错不自知，还以讹传讹，闹出笑话。比如今年是农历"癸巳"年，这"癸巳"二字，能有多少人去查字典，又有多少人能不读错呢？养成查字典的习惯真的很重要。

提高朗读水平，还为了教学生读好课文，学好语言。语文教学主要是"学习语言"，而不是"研究语言"。学习语言就是要重感受、领悟和积累，而不是为了"研究语言"的分析、比较、归纳。学习语言主要的方法是语感培养，让学生在学习课文时经历"感受—领悟—积累—运用"的过程，其间相当重要的就是读好课文。唯有教师能读好课文，才能底气十足、得当适宜地对学生的朗读予以指点与矫正。[1]

提高朗读水平，把课文好好地读上一遍，有时就是对学生绝好的影响与教育。于老师教《秋天的怀念》即是。这样的读，胜过千言万语的讲解，更胜过不厌其烦的机械分析。

三、多探索，增加对"朗读"的研究

凡事要研究，朗读是常识，要做好，还需要多做研究工作。

朗读的重要性，无论怎样估计都不为过。"熟读"是中国传统语文教学的有效经验之一。古人认为书不能单用眼看，必须大声诵读，要读得字字正确。现代心理学研究表明，朗读符合儿童言语发展的年龄特点。由于儿童内部言语尚未充分发展，大声朗读有助于注意力的稳定，同时，朗读把无声的书面言语转换成了有声的口头言语，必然有思维的参与，就有助于文章的理解。很多取得成功的教师，都有类似的经验，即帮助学生朗读，再差的学生，如果能把每篇课文都读得滚瓜烂熟，他的语文素养就有了保障。须知做题目永远救不了他们，也救不了糟糕的语文教学。

其次要遵循规律，按规律办事。学生朗读能力的形成与发展可以分为三个阶段，教学应该不失时机，又"不陵节而施"。一是分析阶段。这个阶段主要表现为一字一顿地读，或用手指指着字读，结果将多音节词人为地割裂开来。二是初步综合阶段。这个阶段，综合占了优势，往往急于综合，没有把每个字辨认清楚，表现为读的速度快了，也比较连贯，但是经常读错。三是分析、综合平衡阶段。这个阶段的学生，有了大量的朗读实践，目视、心惟、口诵三者自然协调，看到语句就能迅速读出来。不同年

[1] 洪镇涛《是学习语言，还是研究语言》，上海教育出版社，《语文教育研究大系》（理论卷）第194—198页。

段的教学就要充分考虑以上情况，因学而教，顺学而导。

三是研究如何提高朗读教学的效率。个别读与齐读，大声读与轻声读，读一段还是读一篇，什么时候读，读多少遍为宜……类似的问题，没有标准答案，一切要从学生实际出发，从效果出发，好的就去做，就要坚持。当务之急是要避免目的不明的、反复机械的齐读。

中央教科所张田若先生曾说过："阅读教学，第一是读，第二是读，第三还是读。"让我们记住这句话，让琅琅书声陪伴我们的教学工作，更回响在每一堂语文课上……

2013 年 4 月

拓展阅读

贾志敏：《"还是读得太少"》

叶圣陶：《大力研究语文教学 尽快改进语文教学》

"悦读"，继续我们的学习之旅

不知大家留意没有，悄然间，我们小语公共邮箱里的《悦读》已有了10期。

2012年再度担任首席教师课堂教学研究室主持人后，我依然把"学习"作为重要工作去做，在工作室成员的支持下，我们办起了《悦读》，一开始都是由小昆山学校的张旭老师负责，主要目的是分享交流。一个人接触的书报杂志总是有限的，但是互相推荐读到的好文章，就可以让每个人都用最少的时间学到最多的好东西。因此无论多忙，张旭老师总是按时、保量、高质完成繁重的编写任务。

后来，大家觉得学习名家、大师固然重要，同伴的探索与思想也有价值，因此，去年4月起，我们对《悦读》进行了较大的改版，设计了封面、封底，请书法家题写了刊名，最主要的是增加了不少栏目。目前大家看到的《悦读》大致可以分为两个板块：一是向名师、大家学习，包括"思想""名家""美文""方法"等栏目；二是向身边人学习，包括"评课""实践""书信""荐讲""经验"等栏目。

4月下旬，我把最新的两期《悦读》集中发给有关领导批评指正，得到反馈，有的说"真好！我认真拜读了"，有的说"感谢发来的资料，向你们学习"……

作为发起人，我深知《悦读》还很稚嫩，大家给予鼓励，是希望我们做得更好。毕竟，我们松江有近千名小学语文教师，要每个人都出来学习、听讲座，机会肯定不多，我们希望通过这个平台，让每个老师都可以真切感受"教育的精彩"，都可以听别人"讲述自己的故事"，并由此获得思想的启迪、实践的启发。更重要的是，我们也要通过"读好书""好读书"

来提升自己的语文素养。

读与写，是我们语文教师行走的"两条腿"，缺一不可。相对而言，阅读更是基础性工程，一个语文老师不读书，几乎是一件不可原谅的事情，也几乎是一件不可思议的事情。

最近读到两篇文章，一篇是教授陈平原的《读书是件好玩儿的事》，另一篇是作家梁晓声的《读书是一种抵抗寂寞的能力》。两位名家说的都是人生的真体会：对生活而言，读书可以带来趣味；对灵魂而言，读书可以带来慰藉。无论是趣味还是慰藉，我觉得都是为人不可缺少的滋养。有人说，40岁前的脸蛋是上帝给的，40岁之后则是阅读给的。当然，这个"读"包括读人生、读社会，但是更多的当属读书，唯有读书才能出智慧，也唯有读书才能更美丽。以前我相信并经常引用金庸的一句话，叫"只要有书读，做人就幸福"；现在我还要说："人要不见老，必须把书靠。"

自然，读书更是语文老师专业发展的幸福之道。"学会阅读"是小学语文教学的应担之责。如何教孩子读懂教材中的文字与思想，是需要我们自身读的功底的，识见、情感、技术、方法都需要，但是我在各类听课、评比中，感到我们能讲出的读书的道道好像很少，水之积也不深，怎载得动大舟？叶老等都很强调教师要自己读书、写作，意思是有了读写的体验与实践，指导学生更容易上路，也更有效率。否则，我们是要连读一篇课文都要发生问题的，就像一些人批评的那样，语文老师不读书，做"二道贩子"，只负责把教参、教案上的别人的见解"运"给学生。

所以，这里引用陈平原教授的话与大家共勉，"建议诸位认认真真读几本好书，以此作为根基，作为精神支柱"，"我主张读少一点，读慢一点，读精一点"。关于书目，我在"杏坛的教育博客"转载了李海林教授推荐的"语文教学研究书目"，包括了改造语文学科知识体系的书、语文课程的书、语文教育史研究的书、语文课程论研究的书、语文教学论研究的书、语文教学交叉研究的书、分项研究的书、背景深度阅读的书（哲学类、语言学类、文学与美学类、教育学、课程论与教学论）。虽然深奥了一些，也多了一些，但大家可以自己挑选一点来读。10年前，我也推荐了个人觉得很重要的10

本书，大家也可以从我的《做一名幸福的教师》一文中找到。

这里再跟大家分享一下我们工作室的读书经验。

每月编辑《悦读》。为什么说编辑《悦读》是读书经验？对，要编书，你就得读书；不但要读得多，而且要遴选有意思、有价值的文章推荐给别人。古人讲"书非借不能读也"，这是不错的；最好的读，我以为是指向"荐读"的读。所以，我建议老师们在阅读时，进行价值高低的判断，进行必要的归类学习等，就好像你是一个编辑一样。这样的读书势必是有意思的。

每学期精读一本教育经典。这是我们坚持多年的做法。精读经典，就是反复读一本好书，放在枕边、包里，随时随处可读，每时每刻可思。读经典的最好方法是与自己联系，与实践联系，与教学经验的提炼、教学文章的撰写联系。当然，也可以跟读书活动联系，在分享中提高阅读的质量。

每个研究周期研读一类书。这是作为一个专业工作者的阅读方式，是基于问题解决的阅读，也是利于专业发展的阅读。什么意思？我们每个人都有一个教学研究课题，在研究周期内，要把与课题内容相关的著作以及硕博士论文找来读个遍。这样做，可以打开视野，既有专业自知，也有专业自觉，同时站在巨人肩膀上，为专业自信与快进提供智慧源流。

好了，"读"占鳌头，把学习当成自己的生命，生命之树就常青。2004年，我曾提出四个"永远不要"，与你一起分享：

永远不要等有时间才学习，见缝插针，想读就读；永远不要坐进书房才学习，任何地方都可以学习；永远不要有用才学习，急功近利、立竿见影是妄想；永远不要嫌自己学得太晚，只要行动，就有收获。

2014 年 5 月

拓展阅读

于漪：《于漪教育文丛》《教育魅力——青年教师成长钥匙》

张仁贤主编：《影响教师的 100 篇教育美文》

到文本中"死去活来"

    到文本中"死去活来",是一个形象的说法,意思是文本要细读。

    说到文本细读,马上想到上个月的 21 日,市教委教研室专家陈祯来松江给青年教师们做了一场精彩的文本细读讲座。

    《慈母情深》是作家梁晓声的一篇散文,入选上海二期课改小学语文教材。一篇 1000 来字的文章,陈老师一字一句地解读,前后勾连地解读,不知不觉间,竟讲了两个多小时。听者屏气凝神,不觉时间流逝。

    陈老师的细读,让文中看似极为普通的字词一下子有了光彩,比如"失魂落魄"。这是一个新词,老师们大多比较关注,在理解字典义基础上,多数能与"我"对书的热爱联系起来。如是解读,自然没错,然模式化的解读也易丢掉"失魂落魄"的鲜活与旨味。当时"我家的破收音机已经卖了,被我和弟弟妹妹们吃进肚子里去了",是在这样一种食不果腹的人生境况下想一本小说想得不行。不行到什么程度,来到母亲工作的地方,却"发现不了我的母亲",失魂落魄到连母亲与其他母亲的异同都一本糊涂账。在"老头朝最里边的一个角落一指"之后,理应一下子找到母亲,可"看见一个极其瘦弱的人,脊背弯曲着"就感到陌生,以致母亲"背直起来了","转过身来了"——我还是有些不相信这是"我的母亲"。看到母亲在如此恶劣的环境里工作,身体如此瘦弱,"我"本不该再向母亲要钱,但正是"失魂落魄"让我抖抖索索地跟母亲"要钱",而且一要就是"一元五角"。这对当时的一个普通家庭来说,是何等昂贵的一笔开支啊。当母亲"将钱塞到我手心里了",看到母亲

211

立刻坐下去，立刻又弯曲了背……我才开始清醒，似乎不再失魂落魄，而是跑出去用这钱给母亲买了水果罐头。而这难得的一次不"失魂落魄"却让母亲数落我，并且再次给了我钱，我从此可以不再为《青年近卫军》失魂落魄……

陈老师讲座终了，青年老师们意犹未尽，有的说："《慈母情深》的味道真浓，谢谢陈老师。"有的说："这样的语文课，学生一定喜欢。"还有的说："这样的文本细读，越多越好。"

的确，文本细读，细读文本，滋味无穷。过去的一年，我们在很多场合说起文本细读，刚刚过去的 5 月还举行了文本细读写作比赛。本月 25 日，我们还邀请了语文特级教师庄关通先生来松江，给参加比赛的几十位青年教师再做一次讲座。

讲这些事，是想跟诸位交流，语文教师应该到文本中"死去活来"，丰富文学体验、提升人生幸福感的同时，获得语文学习的更多真经，得到诸多阅读的高端体验。我也相信，这样的语文老师更会让学生有如坐春风、如沐春雨之感。

何谓"文本细读"，我们来听听王先霈教授的见解："从接受主体的文学理念出发，对文学文本进行细腻、深入、真切的感觉、阐释与分析的模式和程序。"[1] 小学教材中，散文、童话、诗歌等如珍珠如星星，遍布语文的星空，因此需要我们一一细细品读。

关于细读，我的思考实在粗浅，这里姑且说三点想法，与各位分享——

第一，文学作品要"慢"读。

文本细读是研究的阅读，是一种文学阅读的态度。用古人的话来说就是："故书不厌百回读，熟读深思子自知。"（苏轼）"读书之法，在循序渐进，熟读而精思，先须熟读，使其言皆若出于吾之口，继以精思，使其意皆若出于吾之心。""读书譬如饮食，从容咀嚼，其味必长；大嚼大

[1] 王先霈《文学文本细读讲演录》，广西师范大学出版社，2006 年，第 4 页。

咀，终不知味也。"（朱熹）"文须字字作，亦要字字读。咀嚼有余味，百过良未足。"（元好问）

无论是"百回读""熟读"，还是关于"饮食"的譬喻，都可以用一个字来概括细读的要旨：慢。

慢，需要时间。浮光掠影、浅尝辄止，从来不是文本细读的朋友。在这样一个急躁激进的时代，要慢下来是不容易的事情。偏偏语文就是慢的学科，语文教学也因此是慢的艺术、慢的画卷。我没有问陈老师读《慈母情深》用了多长时间，也许你可以猜到答案，就像苏霍姆林斯基说的那样，用了一辈子去读。

慢，需要态度。无论我们多么苍老或者多么有个性，在细读之前，我们都得站成一根青青翠竹，让阅读的"心"空虚，让那些伟大人物的思想进来，让那些永恒的情感进来，让那些万古长青的语言进来，然后吸收内化，化为自己的血肉与灵魂。

慢，需要方法。最重要的方法莫过于涵泳了。涵泳，好比游泳，是沉浸作品之中。毕竟，每个字，都可能被作家百般斟酌过；每一个句子，都可能被作家反复诵读过；每一个起伏的情感波澜、每一颗迸射的思想种子，都可能让作家寤寐思之，寝食难安……那种生活，那种瞬间，那种碰撞，那种灵光，都汇成一条河流，你可以用朗读，可以用默读，穿越时空，努力与作家相亲。

细读，就是不要隔着篱笆看，不要"站着看"，而是要走进去，读进书里去。

第二，文学作品要"深"读。

细读，要有工具。不同体裁的文学作品，应当有不同的工具，就像犁铧之于土地，笔墨纸砚之于书法家。借助工具，可以更正确便捷地深入文本，得其精髓。王先霈教授在《文学文本细读讲演录》里分别介绍了诗歌、小说、散文和戏剧文学的细读方式，大家可以学习之。这里简单介绍王教授细读中国现代散文推荐的几个关注点。[1]

1. 文章气脉

气脉包括气势和脉络两层意思。气脉，既指作家创作时的心理状态、活跃的思想和充沛的情感，也指文章的气势，还指文本里运动着的、把其中所有的要素连接起来的精神之流。古今中外优秀的散文都具有气脉。

2. 起承转合

这就是我们熟悉的"形散神聚"的说法。散文家著文如渔夫撒网，撒得开，收得拢。起承转合中，开头和结尾的艺术显得更为重要。

3. 谈言微中

谈，指说话或写文章；言，指语言的表达方式和技巧；微，指委婉含蓄；中，指切中事理且寓意深刻。好的散文，不会一马平川，让你一眼看透。它含蓄蕴藉，甚至千呼万唤始出来。

第三，文学作品要"教"读。

如果说前两者是语文的事情，那么这一点一定是语文老师的责任。

这个"教"读，特指我们对作品深读后，要进行教学化加工，而不是简单的全盘托出，不计学生年龄大小，也不管其接受能力高低。

多数时候，对文学作品，我们是不必什么都教的。这就涉及教学内容的确定与取舍了。相关内容可以参考《真正把课文教好》等书信。

毫无疑问，没有对文学文本的细读，就不可能有好的教学。好的教学，一定是深入之后的"浅出"。如果深入后只能"深出"，那就需要提高我们的教育素养。还有一点可以肯定，在文学作品面前，"浅入"只能一无所有，绝无可能做到"浅出"或"深出"。

常常想，语文老师最开心的事应该有哪些？学生爱上语文，好！考试不错，亦好！因为工作的缘故，被读也好，悦读也罢，多读点书，精

---

[1]　具体参阅王先霈《文学文本细读讲演录》，广西师范大学出版社，2006 年，第 261—269 页。

读点文字，总是好事。一位特级曾笑言，多读好书，少做坏事。人生不是都要讲功用，一灯如豆，神游无极限，或者清风徐来之时、大雪封门之际，翻翻经典，想想人生，我们是不是应该感谢这一生自己成了语文老师呢？

2013 年 6 月

拓展阅读

王先霈：《文学文本细读讲演录》

王崧舟：《〈小珊迪〉文本细读》

一起来练一手好字

　　练一手好字，做了语文老师好像就该如此。这样的话题似乎不需要谁去多说，当然，似乎更不适合作为要求来提。

　　然而，这个话题在我的心里来了又去，去了又来。临近暑假，大家有时间回顾过去，安排将来，拥有一个暑假，除了居家休闲、外出旅游等，很多老师会给自己的专业发展安排一点时间。我的建议是：一起来练字。如何？

　　今年4月，名师薛法根来松江上课。他的语文课简洁而不简单，轻松而不散漫，精彩纷呈，妙趣迭出；单论他的板书，轻快、漂亮、耐看，引发在场的很多青年教师感慨。20多年前，薛老师还在读师范，他对语文不是最感兴趣，那时他喜欢的是书法与美术。薛老师学习勤奋，而且乐于为大家服务，别人不愿意当的生活委员，他认认真真做了3年，到后来是生活委员、劳动委员一人当，每天早起晚睡为大家服务。了不起的是，薛老师中午在传达室一边为同学卖邮票，一边还在练字。他对书法的酷爱与韧劲由此可见一斑。

　　如今，薛老师的语文教学红遍大江南北，谁能说，今天的成功里没有他当初练字打下的基础呢？

　　2011年的春天，山东的高峰校长邀请于永正老师到他的学校讲学。高校长在校园巡视时有了意外的发现。这是他事后写的一篇博文——

　　我一早赶到学校，来到教室，孩子们正在大声地朗读《优美诗文》。于老师和李老师在商量着什么。然后，于老师就转身到黑板上去板书。

　　写了一个"猴"，于老师摇摇头。我想："写得那么好了，还摇头。"然后，于老师又写了一个"猴"，转过身来说："虹霞你看，这个'猴'

字这一笔难写。教孩子写字的时候，一定要注意。"

写完这个，于老师又摇摇头，转过身去，写第三个"猴"。

于老师一连写了8个"猴"，还与李老师研究怎样写得更好。

望着老先生那股认真劲，我想到了于老师为什么成功。

小学阶段的孩子，就是"手把手、实打实"，写字要一笔一笔地指导着练习，才能在最重要的人生奠基阶段，为孩子的终身幸福打好基础。如果我们连跑带跳，浮皮潦草，就无法为孩子打好基础。

同样度过小学，跟着不一样的老师，将造就不一样的人生。

教育就这么简单。

高校长说得真好，老师喊坏嗓子，不如做出样子，教写字如此，教作文如此，其他亦然。

关于写字，已经有太多太多的话语。我们曾经就指导孩子写字的话题做过较为深入的交流。这两年，随着写字要求在考试中比重的增加，随着老师们教育理念的更新，大家对写字越来越重视，总的来说，四五年级学生的字较以前有提高。

如何遵循写字规律，让更多的孩子把字写好，我觉得统一思想、众志成城之外，非常关键的是每一个语文老师都要有一手好字。

以前，我有一个梦想，那就是让松江的每一个孩子都有一手好字。

现在，我还有一个梦想，就是松江的每一位小学语文老师都有一手好字。

某种程度上，只有每一个语文老师都写好了字，我们的孩子才能都写好字。

显然，这是一项艰巨的工程。当务之急是我们自己动起来，能不能每日练字，把写字融入自己的生活。

在我看来，语文老师的练字，除了教育学意义上的示范作用，除了语文教学中的指导价值之外，我觉得至少还有两大意义：

意义之一：每日练字可养得一种"静气"。

练字的一般规律是先摹后临再创。先得其形——写得像，后得其神——

写得活，师从一家，后学诸人，如蜜蜂，采百家之花方可酿得好蜜，这是练字的必由之路。无论如何，读帖都是第一基本功，"我的眼中只有你"，琢磨一个字的写法，然后模仿临写，专注于此，你便是另一个罗丹。语文教材中有《全神贯注》一文，讲罗丹为修改女像遗忘了来宾茨威格一事，罗丹的投入让茨威格感动并感慨道："那天下午，我在罗丹工作室里学到的，比我多年在学校里学到的还要多。因为从那时起，我知道人类的一切工作，如果值得去做，而且要做得好，就应该全神贯注。"

全神贯注，便是"静气"的灵魂。

今天这个时代，"静"实在难得。养得"静气"，就容易看清事物的本质，就不易迷失前进的方向，更不会在阴霾阻碍面前轻言放弃。所以，"静气"在外是一种宠辱不惊、看庭前花开花落的行为，在内则是品质与信念。古人云"宁静致远"，即是此意。

意义之二：每日练字可觅得一种"趣味"。

人无癖好，则不可爱，这是于别人而言。对自己来说，没有热爱，就不易得趣味。当然，没有热爱，自然不可能每天都练字。

写字，是练习一种技能，也是涵养趣味与精神。

读师范时，我练字却因生性愚钝，始终不得其门而入。那时略知天下第一行书，读《兰亭集序》，那用笔，那气势，除了仰视就是仰视。倏忽间，数十年已逝，再看王羲之的这一传世名作，感受已有不同。诵读之间，仿佛看见了"少长咸集，群贤毕至"，这样的氛围让人羡煞；也好似看到了曲觞流水的那份雅致，那份无间，更令人羡煞。有那样世界的浸泡，才有那样的王羲之，才有那样的《兰亭集序》。颜真卿的《祭侄文稿》何尝不是如此！

当然，我的阅读所得，实在粗浅。只是，书法的趣味，跟人生的真经似乎从来不曾远离。人生的秘密，人生的境况，在某些人那里，都可以用书法来书写，来记录。所以，师从一书家，"写像"的过程便是与前人对话，恍如今世面授的感觉。

有静气，世间尘俗之气便不进自退，麻将扑克更不在话下；有趣味，则有品位，再寂寞，活着也乐无穷。

我曾说过，语文老师不是书法家，就是在走向书法家的路上。这自然不该只是一个梦——仔细想想，一个老师，如果一辈子教书育人，可以有多少年用来读书、练字、写作？也就难怪辛亥革命后，教育从私塾走向学校之后，新生的语文教师中有那么多的作家、画家、书法家了。只是于我等普通人来说，改变态度更为要紧。为职业也好，为人生也罢，选择一个适宜自己的方向，每天练上几十分钟，费时不多，日有所得，月有所进，年有所益，如此练字，如是人生，岂不更为充实更有滋味！

练字，期待你也来！读书，作文，亦期待你来！

2013 年暑假

拓展阅读

苏霍姆林斯基：《怎样训练儿童流利地书写》

潘菽：《书写技能的形成与培养》

向名师学习

今年的秋天很暖和，不仅仅在气象学意义上，这段时间一直保持着较高的气温，也是心理学意义上的暖秋——多少学者、名师来松江传经送宝。市教研室薛峰、陈袿老师，华师大董蓓菲、柯政副教授，老前辈贾志敏老师、于永正老师和徐善俊老师——这些如雷贯耳的名字穿梭而来，交流信息，分享经验，助力松江，这是我们松江小语界的幸事，是我们松江小语界的荣光。

荀子曾云，"吾尝终日而思矣，不如须臾之所学也"。作为一线老师，绝大多数时候，一定是"关起门来"教自己的学生，做自己的事情，平素与人交流、向人学习的机会并不多——即使有，相应的高度、深度大约总是不足。松江有句闲话，叫"萝卜炒萝卜还是萝卜"，的确，与名师相约，与大师碰撞，就可能生发"萝卜烧肉"的效应——让我们的学习别开生面、效果鲜明。

最近，我陆续看到，也不时听到一些老师，特别是青年教师的反响与感想，几可用"激动"二字形容。惊涛拍岸，涌起千丈浪，激动固然可以停留一段时间，但总不能当饭吃，面对日复一日地工作，每天都看着同样熟悉的面孔，我们需要保持"且学且思"的态度，把名师们的精神学到位，把名师们的精华学到手。

如何学习，我常从三条途径切入。

第一，领会名师博大精深的教育思想。

很多人觉得思想的学习很有点务虚，其实不然。思想是识见，是指南，从来没有无思想的行动，只是我们没意识到而已。小学历来重"术"，当然，多在如何教儿童上着力、用心，是不错的，但如果只学"术"，或过于重"术"，而忽视甚至放弃了对"思想"的学习与建树，那么，这样的"术"，这样的实践，终究难免东摇西摆，甚而要走弯路的。

名师上课，听者往往激动，还会心动，回来就试着运用他们的"一招一式"。齐白石先生说过，似我者死，学我者生。因此，这样的模仿借鉴之后，重要的是进一步思考名师为何这样做，他们的课堂背后蕴藏着什么，这样，方可从"学得像"走向"学得好"，进而"得其神"。

于永正老师在上外松外教《珍珠鸟》，真是做到了"简简单单教语文"，学生在两堂课上就是识字、读书、写作。这些环节相对独立，但静静品味，其实不然。比如于老师范读后，学生读得很有进步了，但于老师不满足，他请学生继续读书，把冯骥才觉得珍珠鸟"真好"的语句找出来，再体会读。让人拍案叫绝的练笔环节由此而来：学生都来学做"小珍珠鸟"，从文中找找冯骥才如何对鸟好的，然后以小珍珠鸟的口吻来写写"冯骥才"。学生乐"写"不疲，交流热烈，所写文字充满情趣与创意，打动了在场所有老师。这么简单又深刻的语文课，背后是什么？是重情趣，重感悟，重积累，重迁移，重习惯。这就是于老师10多年前提出的"五重"教学思想。因为思想符合语文学习的规律，又带有鲜明的个人色彩，因此于老师的课堂才充满了魅力。

再来看贾志敏老师的语文课，无论是一年级的《脚印》，还是四年级的《爸爸的老师》，他的课呈现出与于老师迥异的教学风格，但一样的精致与精彩。《脚印》中对句式"你好，你好，我会 _____"的朗读、体悟与运用，教《爸爸的老师》时的一系列说话训练，训练点选得巧妙，学生投入地读书、思考、交流，时有惊人之语。贾老师的课，源于他的"三个为主"的语言学习观，即以学生为主，以训练为主，以鼓励为主。现在，我们的语文课较为沉闷，源于讲解多，知识记忆多，关心考试分数多，像贾老师这样重视习惯培养，把语言学习组织得如此严密、自然无痕的，不多见，值得我们好好学习。

第二，学习名师高超精湛的教学艺术。

把思想的学习放在第一位，并不是不要学习名师们的方法与艺术。学习，可以有多种角度；比如名师的课堂结构都较为简明，呈"板块化"趋势；再如名师们都注重导入等教学环节的过渡与衔接，包括教学语言的设计都很周密，等等。

1. 呈现明晰的学习内容是名师教学艺术的灵魂。

徐善俊老师听了我们老师的语文课，颇有感慨，感叹这么长的课文，要在35分钟内完成，真是不简单，更不简单的是我们的老师还要教这么多的内容。因此，他建议我们在教学内容上大胆取舍。我以为这条意见一针见血。名师们的教学艺术首先不是教得好不好，而是教得对不对，是不是教学生需要学习的，是不是学生努力一下就可以掌握的。贾老师的《脚印》就是教孩子识字，把课文读好，然后进行句式练习，学习目标明确。皮连生教授有一句话："我们应该把教什么（目标）和怎么教（过程与方法）统一起来进行研究。目标决定方法，离开了具体目标，单讲这个方法好或那个方法不好，都缺乏实际意义。"某种意义上，明确了学习内容，就不仅决定了"实际上需要教什么"，同时也清楚了"实际上最好用什么去教"。

2. 组织完整的学习活动是名师教学艺术的关键。

充分展开学习过程，让学生经历完整的学习活动，这是名师语文课堂教学的追求。当下的一些课堂总是"来也匆匆，去也匆匆"，一些教学环节不是蜻蜓点水走过场，就是过于追求标准答案。让我们来看看于老师的《珍珠鸟》一课。指导学生读好书是这课的教学重点之一，怎么教呢？有教者自己的示范，让学生看着老师读，明白朗读是全身心投入，读进去，再读出来。这样还不够，于老师让学生结合理解感悟去读——自由读书，圈出让冯骥才觉得珍珠鸟"真好"的地方，就着这些细节深入、细腻地体会人与鸟的真情，然后再来更有情更有味地朗读。至此，学习活动还没有结束，于老师还点拨指导：写动物外形的句子，你们好好读，读多了，就记住了，以后就会自己写动物的外形了……你看，于老师组织的朗读活动，有步骤有层次，与文本的理解、语言的学习同步进行，环环相扣，看似相对独立，却又是一个整体，怪不得这样的学习后，学生再来写"冯骥才"，也是活灵活现，既有文本语言的习得，又有个性思维的创新。

3. 开展及时的学习评价是名师教学艺术的保障。

贾老师的语文课堂，要求不可谓不严。学生把"脚印"一词读拖拉了，不行，重来，要自然轻快；学生把课文读得流利了，贾老师的评价是"马马虎虎"，马马虎虎就是一般。但是，另一方面，他的评价又充满了人文关怀。学生朗读《爸爸的老师》，两个学生读得很好，贾老师奖励他们再读一遍，比赛读。读完后，贾老师说，你们读得都很好，可谓平分秋色。他拿出刚才教"新鲜"一词时出示的一个橘子，说"奖励你们，你们一人一半"。在学完课文交流收获时，一个女生说：老师啊，是你让我懂得了"十年树木，百年树人；插柳之恩，终生难忘"。贾老师奖励这个女生再说一遍，然后向她鞠了一躬，说"谢谢你"。之前在学习"鞠躬"时，贾老师就是请这位女生上台演示"向老师鞠躬"的动作的。现在，又因为这个女生学得好，老师向学生鞠躬了——这样的课堂评价，学生定然终身难忘。

第三，积淀名师敬业精业的教育情怀。

名师们是靠自己的思想来教书的，是凭自己的艺术来教书的，更是用他们的一生来教书的。

于老师讲了一句话："语文老师最终要用语文素养来教学生。"贾老师也说："我当年为了生活走上了三尺讲台，如今让我离开三尺讲台就无法生活。"两位前辈让我们感到了他们对语文教学深沉的爱。他们更让我们认识到，我们是要用《语文》教语文，更要用一生来教好语文。

如何培育这种教育情怀？徐善俊先生的"学习、实践、总结、创新"的专业发展之路值得我们学习。20世纪60年代，徐老师走上讲台，上课才15分钟，教案就上完了，教导主任的一席话让他丢掉了当作家的幻想，全身心投入到教育工作中。他虚心向老教师学习，向书本学习，结果《非

223

凡的四十分钟》一课一炮打响。后来他参加中青年区级比赛课，再次获奖。他总结自己变"以讲为主"为"以读为主"的经验，写成文章，发表在《江苏教育》。从此，他不断实践、创新，上出了一堂堂"实而不死""活而不花"的语文课，成为著名的特级教师……

学习，教师专业生活最重要的一环，教师幸福生活最浓重的一笔。没有学习，就没有生机与活力，就难以有智慧有创新。学，永远是教的先生，也永远是创新之父。

吾生有涯，而教无涯，学亦无涯。

2013 年 11 月

拓展阅读

于永正：《重情趣 重感悟 重积累 重迁移 重习惯——我的语文教改探索》

何金凤：《阅读和作文教学的新观念——贾志敏教学思想初探》

做"腹有诗书气自华"的语文老师

大约在 10 多年前，我听苏州大学陈国安老师的课（现在陈老师已经是闻名语文教学界的语教法教授了），见到《台湾国文教师基本能力养成教育自我能力检查表》，从国文科专门学识、写作及指导学生写作、阅读及指导学生阅读、说话及指导学生说话、听话及指导学生听话、书法及指导学生书法、欣赏及指导学生欣赏、教学等八个方面提出了 92 条要求。"关于国文科专门学识方面的能力"放在第一项，共有 23 条，其中有：至少能背诵文言文文章一百篇，至少能背诵新旧诗词二百首。读完整个检查表，我实在是大吃一惊，不能不感叹自己语文基本能力的不全面了。

在上海，有幸多次聆听于漪先生讲座。自读中师起，我就从《师范教育》《语文学习》等杂志读于老师的事迹与文章，深受教育。师从贾志敏先生后，贾老师多次教我向于老师学习。我的小小书房里，于老师的著作不少，我都是一读再读，受益匪浅。于老师的每一次讲话，都闪耀着思想的光芒。在讲话中，于老师常常脱口而出大段大段的经典诗文，她的话语，她的神采，她的气质，让我再次感叹：读书的语文老师真好！背书的语文老师真好！

黄山谷有语云："士大夫三日不读书，则义理不交于胸中，对镜觉面目可憎，向人亦语言无味。"试想，语文老师三日不读书，几年不背书，又会怎样呢？

最近 10 来年，谈教师专业发展的多了，谈教学反思、谈质性研究、谈课程建设的多了。但我们语文老师原先的看家本领，比如写字，比如写作，再比如背诵，似乎离我们越来越远了。

今大，我们老师还要谈背诵吗？我先给大家讲个亲历的故事：

225

2002 年 11 月，无锡，贾老师给数百位来自各地的语文教师上完课后，做了一个简短而精彩的讲座。讲座的主题是如何指导学生写作文。在说到"阅读是作文的基础，写作文要多积累优美语言"时，贾老师一口气背了三篇学生习作，又背了五篇（段）课文（片段），计有：《两个名字》《雪地上的小画家》《程门立雪》《革命烈士诗二首》《我的伯父鲁迅先生》等。整个过程，可以用两个词来形容：一字不差、有声有色。

"谁掌握了语言，谁就掌握了自己的幸福生活。"贾老师最后如是说。

台下没有一点声音，语文老师们也许沉浸在贾老师的吟诵里，也许为贾老师的"背功"所震撼。

贾老师是有底蕴的。你跟他接触多了，就知道他肚子里装着许许多多的课文，装着许许多多的学生习作。只要上课，只要发言，贾老师就能滔滔不绝、口若悬河地背诵文章，让人感觉他的神采，他的魅力，觉得语文就是他，他就是语文。

那么，背些什么呢？有三个想法跟大家交流：

第一，应该熟背学生要背的所有诗文。

教材里古诗的背诵不成问题，而指定背诵的课文，我们老师要熟读成诵，就不容易。记得 10 多年前，我要到学校上《两个铁球同时着地》，课文第三自然段要求背诵，多年未背的我花了好多时间，出差到苏州也带着教材，好不容易才背出来。在吴江实验小学教语文时，我虽然有为学生示范的意识，备课时也经常朗读甚至试着背诵，但真的很难做到把课文丝毫不差地背出来，更不要说声情并茂地背给人听了。

青年教师往往眼高手低，明明知道背诵重要，但往往"严以律人，宽以待己"——学生能背就行，自己就不一定要背了。最尴尬的是，喊学生来背，老师在一边听，感觉有点不对，于是就打开课本来确认。不知此时学生感受怎样，我总觉得，老师这样教学生是没有多少底气的——无论指出学生背错了也好，还是提出更高的要求也好，语文老师还是"腹有诗书"才好。

第二，力争熟读教材上的全部课文。

有一次，上海一位优秀青年教师要执教市级公开课，跑去找贾志敏老师请教。贾老师问他："你课文背出来了没有？"这位老师要上的课文是《开国大典》，这是一篇数千字的文章。这位老师已读了不知多少遍，但要说背，是有问题的。贾老师说，你背出来了，我们再来谈设计。这位老师回去后，认认真真地照着贾老师的要求做了，后来，他的课很成功。

"课文背出来了再上课"，多好！

优秀的语文老师会在上课前把课文背得八九不离十。当教师的脑子里有了"整篇课文"，才能融会贯通。唯有这样，课堂上，语文老师才能做到眼里有学生，否则，课堂上忙着看教案看教材，哪里还有精力看学生呢？

背出要上的课文，这个要求高吗？高——如果只给你几天时间；但又不能说高，如果给你几十年，甚至一辈子的时间。

前面说到了贾老师几乎能背出所有要上的课文。他背书有什么窍门？我们来听听于老师的讲述。有一次，于永正老师偶然发现贾老师连《我的伯父鲁迅先生》也能倒背如流，他不禁夸奖道："贾老师，您是天才！"贾老师笑了，回答说："您也相信天才？我却不信。我之所以记得，那是因为我的执着感动了书上的文字。您想，我教了四十年的小学语文，天天认真地读它们，能不感动它们？"

好一个"天天认真地读"！好一个"感动"！它们使我想起了毛泽东主席的话："语言这东西不是随便可以学好的，非下苦功不可。"

如果我们有了这样的态度，有了这样的行动，如果我们把背书作为备课的前提，把背教材作为一辈子的事情，那么，背书也许就不是一件难事，而是美丽的坚持了。

第三，争取多多背诵经典诗文。

据我所知，我们松江有不少老师，在引导学生背诵语文教材之外的优美诗文。1月9日我到华阳桥学校听课，赵引芳老师课前两分钟就引导学生背《三字经》，真好！各位知道我背《三字经》是什么时候吗？儿子都读小学了，我才找出《三字经》，跟着儿子一起背。我背得比较辛苦，常常前背后忘，不胜其苦；犬子一开始有点难度，后来越背越轻松，而且怎么也忘不掉。

这几年，我跟着一些有想法、爱读书的老师带孩子们每月读一本好书，在"每月荐读"系列里，我讲到一个故事，是一个同事的亲身经历。

经过半学期的学习，孩子能背诵《弟子规》了，虽然背起来像个迂腐的老夫子，摇头晃脑的，但不可否认，在学的过程中，孩子在进步着。比如说，以前孩子总是嚷着要穿裙子，要穿好看的衣服，但是学了"衣贵洁，不贵华"后，她明白了穿衣服重要的是整洁，而不是要穿得多么漂亮，也很少在穿的问题上和我喋喋不休了。又比如，有一次和孩子说话，聊了半天发现孩子一直站着，而我坐着，问她怎么不坐，她回答我"长者立，幼勿坐，长者坐，命乃坐"。我听了不禁莞尔，但心中又禁不住感叹：学了到底还是有用的！

《弟子规》不但让孩子学会了许多做人的道理，而且也成了我教育孩子的"有力武器"。有一次孩子回来和我说"今天XX偷了YY一张纸……"，我问她："你看到了？"她说"没有"。我在想怎么和她说"偷"这个字不能随便乱说，特别是同学之间，突然想到了《弟子规》里面的一段话，我灵机一动，问她："'见未真，勿轻言，知未的，勿轻传'，老师教过你们是什么意思吗？"孩子点点头，我顺着说："既然你没有看到，那就不能随便说'偷'，因为你没有看到，可能XX是经过YY同意的，对不对？"孩子听了马上就懂了，点点头说："嗯，那我说XX拿了YY的纸可以吗？"虽然是件小事，但却让我体验到在教育孩子的时候，《弟子规》不愧是我的"好帮手"。

如前所述，我在农村长大，小时候读得太少，背得更少，对古今中外的经典诗文了解不多，哪些适合小孩子背诵，用怎样的方法比较轻松有趣，我都没什么实践经验。仅凭我跟孩子一起读背的经历，我感觉《论语》《道德经》等，都可以摘选一部分，供孩子来熟读。当然，我们的目光不要局限于中国古代诗文，现当代也有不少优秀作品可以考虑。另外，国外经典诗文，也不妨引进。大家可以浏览中国知网，看看其他老师的经验。总的来说，只要背，只要行动，我们肯定自己得益，然后势必对孩子形成影响。这种影响，是持久、深远的。

美国诗人惠特曼有首诗叫《有个天天向前走的孩子》，前两句就是："有个天天向前走的孩子 / 他只要观看某一个东西 / 他就变成了那个东西。"的确，小时候的见闻、体验，往往一辈子记得很牢。而他们此时读到的，背诵的，以及由此得到的审美的、想象的快乐，还有心灵的感动，一定会影响一个人的终生价值观！

小时候，很喜欢读著名报人与武侠小说家查良镛（金庸）教授的《射雕英雄传》，有时也会傻傻地想，金庸先生的生花妙笔是哪里来的？他的世界怎么如此神奇精彩？百思不得其解，也就作罢。后来，慢慢长大，做了语文教师，读书教书，偶然读到第 220 期《中文自修》上金庸先生的一段话："背书不是表面的用处，我们自然而然会得到熏陶，性格就美丽了，做人的乐趣也来了。"真好！我想，不背，是肯定写不出《射雕英雄传》的。

寒假就要来了，我们语文老师休闲放松之余，读点书，背点文字，也是为世界做一件很美丽的事。不背，怎么知道哪些文字好呢？不背，又怎么跟孩子说说经验方法呢？不背，教书的乐趣是不是会减少一些呢？

来，一起背，带着孩子背。

2015 年 1 月

拓展阅读

郑飞逸：《诵读的教学原理》

交流或讲座，你可以是下一个

　　建设学习型实践共同体，是我们区域小学语文教研的愿景；区域研训活动，是我们共同发展的平台与舞台。

　　以往和今后很长一段时间，研讨课都是研训活动的主体。但是，毋庸置疑，基于课堂的经验交流已成为我们建设共同体的新举措，并成为了新亮点。

　　如果回顾一下我们的作文教学改革，便能发现：课堂革新在左，经验提炼（交流）在右，作文教学才一路花开烂漫。不是吗？一堂堂的教材作文课《落叶的自述》《玩得真高兴》《我喜欢的一节____课》等吸引了大家，让我们一起见证：作文原来可以这样教，作文课其实可以充满趣味。但，也是一次次的经验交流《基于量表，促进学生自主作文》《连续观察习作训练的益处》《寻找作文教学的"中间地带"》等引领着大家，让我们一起思考：作文原来有规律可循，作文教学可以更科学更艺术。是不是可以说，只有课堂没有经验便失之肤浅，只有经验而无课堂则失之浮躁。

　　语文教师的专业发展也离不开交流。为此，我们通过实践提炼了"教学做讲合一"的骨干教师发展范式，并在区域教研活动中请老师们上台进行微型讲座，交流各自的教改探索与专业见识。这样的活动，让我们的教研活动更加丰富，也更接地气。

　　那么，如何参与交流、准备讲座，这里说一点个人很不成熟的体会，供您参考。

一、注重交流内容，追求说有价值

无论是课后交流，还是专题讲座，最重要的是你说了什么。而说了什么，其实是你在教学实践中做了什么以及怎么做的。说到底，是在语文教学的难点、重点以及焦点上有所突破，或取得突出成绩，或获得深刻体验。

例而言之，2010 年 9 月调入研训部后，有机会与更多语文老师接触，发现不少老师存有较大的困惑——我越来越不会上语文课（主要是阅读课）了。其实，这个现象是很正常的。进入 21 世纪，价值多元，文化多样，语文教育面临的问题越来越多，挑战也越来越大。如果对这一现象进行分析，症结大概在不清晰阅读教学究竟要教什么，即教学内容不够清晰。虽然前有"教学大纲"，现有"课程标准"，但这些指导性文件提供了大致的方向与内容，具体到年级、单元，乃至一篇课文，如何确定适切的教学内容还是比较困难。

从 2012 年起，我们就跟随市名师培养李永元基地一起探索。

鉴于课文是语文教材的主要形态，当前的阅读教学承担了语文课程的大多数任务：立德树人、学阅读、学写作，还要落实识字写字、口语交际的任务。真应了"阅读是个框，什么都往里面装"这句话。阅读教学的主要任务、主要矛盾是什么？阅读能力。这也是阅读教学的独当之任，就好像习作教学要培养学生的习作能力、口语交际要发展学生的口语交际能力一样。其他诸种任务，都应在这种活动中渗透达成。既然如此，"阅读能力"这个概念包含哪些要素呢？厘清了概念，想清楚了，实践才能深入。通过查阅文献，对已有研究进行分析、比较、综合，我们认为阅读能力包含了四大要素：认读能力、理解能力、评价能力和迁移能力。以上四种能力，又可分为不同的层次水平，比如认读能力分为正确朗读、流利朗读、有感情朗读等。针对不同阅读能力，不同的学段、不同的课文可以有所侧重，但应统筹安排、体现螺旋上升原则，相辅相成，相得益彰。

明确阅读课的教学内容后，我们就结合教研活动，利用教材落实阅读能力的培养。这几年，我们一起完成的研究工作主要有：2011 学年完成课文分类，"例子类"课文主要解决语文的问题(字词句段、听说读写)，"经典类"课文既要解决语文的问题，也要完成育人的任务；2012学年完成"经典类"课文教学内容与活动建议；2013学年完成《学期教学纲要》；2014学年依据课文与学生实际，研制评价量表，以评价促进教学。这几年的教学探索也积累了一些教学内容清晰、教学方法适切的课例，如《脚印》《风姑娘送信》《全神贯注》《白银仙境的悲哀》《桂林山水》《珍珠鸟》等。我们将以上探索编制成《基于课程标准的阅读教学》，申报成为区级教师教育课程，让更多的老师受益于我们的阅读教学改革。

由此可见，交流或讲座要有价值，须考虑两点：

一是在实践中。交流的内容来自我们的实践活动，建立在学习理论、教学实践与深度提炼的基础上。我们所交流的，所阐述的，不是书上的理论——即使是理论，也是为实践所证明并被实践所丰富的。当然，也不是别人的经验，而是带有"原创"色彩的我们的做法。

二是为了实践。交流并不是最终的目的，交流是为了分享，一位（或者一部分）老师的经验，尤其是来自同行的经验，会较好地对他人形成启发，以帮助更多的人去解决教学中的问题。

二、完善交流形式，力求说有新意

江苏特级教师管建刚曾跟我说，经验交流，尤其是一个小时以上的讲座，讲座者宜站不宜坐。我请教为什么。管老师说，站着讲，跟坐着讲完全不一样，不但要对稿子更熟悉，而且会更自觉地注意怎么说。讲者会运用体态语言，对某些内容予以强调或诠释。对听众来说，也会更加专注，听得更加明白。

管老师的心得体会提醒我们：作为专业交流，要不断完善讲的形式与方法，力求吸引听众。

内容决定了交流的价值，而适当地考虑怎么说，则可以提升交流的效果。

首先要做"巧手媳妇"。

教学问题有大有小，探索时间有长有短，因此，交流时有一个如何剪裁的问题。剪裁有什么标准？活动需要。依据交流时间，我们可以这样做：微型讲座，一般为15分钟，需要概述经验的精华，这种交流在教研活动中最常见；中型讲座，一般是一节课时间，可以较为充分地介绍问题的产生、分析以及解决的策略；半天讲座以及教师培训课程，一般针对普遍存在的问题，在实践中取得突破，提炼相关经验，在区域内外产生广泛反响。

其次要充分运用媒体。

跟语文课对待多媒体"可用可不用时就不用"的原则有别，讲座交流在"可用可不用时一定要用"。"PPT"是交流的"必需品"，除了关键文字外，我们可以多呈现照片、数据、图表等，这些是研究的证明，也是最有说服力的证据，往往比语言更有力量。必要的时候，我们还可以使用录音、录像，让交流变得立体，更有吸引力。

例而言之，二实小的陈爱君老师这几年进行整班读一本好书活动，坚持了四年，直到送孩子们毕业。她在区域交流时爱讲故事，班级学生的读后感、读书小报等也通过"PPT"一一呈现。今年5月，她在交流经验前还以课本剧等形式展示了班级课外阅读成果，这样的交流效果极好，大家也都见证了。

教育家于漪老师倡导，语文老师要"出口成章，下笔成文"。我想，这个"出口成章"包括了教学语言的准确、流畅、形象与生动，在今天形势下自然还应有论坛、演讲、讲座等。因为，这是时代使然，教师专业发展使然，实践共同体建设使然。

所以，期待着，你在专业发展上开拓新路。交流或讲座，你可以，而且应该是下一个！

2015年11月

拓展阅读

佐藤学：《学校的挑战：创建学习共同体》

谈永康：《教学做讲合一，走向人生幸福》

假期当出游

1996年暑假，我带着爱人一起游黄山。

第一站就是爬天都峰，至今回味，依然后怕。踩着陡峭的石级，一边就是悬崖，心里不紧张那不可能。跟一般景点不同，路边的铁链竟然只有一条，才半人来高，一抓还乱晃悠。因此，多数游客手脚并用，真是在"爬"山。每每遇到有人下山，双方都是屏气凝神，侧身而过。

无限风光在险峰。攀上天都峰顶，小憩片刻，凉风习习，峰峦起伏，苍松翠柏，怪石嶙峋，更妙的是云来云往，就在头顶、身边蹁跹。

从天都峰上下来，还有更惊险的"鲫鱼背"在前面等着。这里的路宽不过一尺，两边是深涧，两根铁链悬挂两边。想起事故与传说，爱人这时是再也挪不动步了，最后几乎是哭着爬过鲫鱼背。

仅隔数月，我接了一个三年级班，教材里有篇课文恰巧是《爬天都峰》。课文这样写：

我站在天都峰脚下抬头望空：啊，峰顶那么高，在云彩上面哩！我爬得上去吗？再看看笔陡的石级，石级边上的铁链，似乎是从天上挂下来的，真叫人发颤！

山高路险，任你写到"天上"去，没有游览过的学生是很难体会的。我想起了暑假的这次出游，便讲述了自己的故事。学生莫不瞪大了眼睛，讲到末了过"鲫鱼背"，学生有的不敢相信，有的害怕得捂住眼睛，胆大的则捂着嘴笑。第二天，我又带来当时买的黄山风景扑克，学生欣赏到了云海与怪石，又读到了黄山"秀美"的另一面。

那两天，在孩子们的眼里，遥远的天都峰变得不再遥远，而文中一老

每月与语文教师书

一小彼此汲取力量、爬上天都峰的经过，好像成了他们可以触摸的生活。

从此，外出旅游，我便注意积累明信片等资料。即使到了教研室，不在一线教书，习惯依旧。后来，有了数码相机，方便拍照，更是随时记录各地的山水美景与风土人情。

新的语文课程标准出台后，提出中小学语文教师要开发课程，举凡名胜、影视、博物馆等都能成为语文学习资源。

想想，语文学习包罗万象，天文地理，世间百态，教师知之愈多，愈有助于教学。况乎教育中的不少东西，需要化抽象为形象，化概括为具体，化说教为熏陶，譬如山河的美丽、祖国的可爱，仅仅停留在语文书，止步于语言文字，恐怕是不够的。在这个意义上，教师的出游，不但必要，而且迫切。

只是可惜了，这么多年以来，大家都把教材当成权威，习惯了使用统一的挂图、卡片和光盘，却忽视了自己的生活积累，类似的"爬天都峰"的经历、感受在语文课上难得一见。福建的语文特级教师陈日亮先生有"我即语文"的说法，恐怕我们还与之遥遥。相关的意识确立不难，如何有效整合，又怎样有机运用，这样的课程实施能力大概还要好好锤炼。

在我看来，在旅游时，我们是否"有心"十分重要。

第一，积累直观形象的影像图片。

照片、明信片、音像制品等都是。国人出游，爱与景合影，以示到此一游。建议再拍些风景与风俗。明信片亦是不错的选择，作者一般是名家，图像清晰，有美感，特别好。相关音像制品，景点一般都有，但质量堪忧，你需有火眼金睛挑选。如此种种，回来储存起来。云布得多了，谁知道哪片会下雨呢？

第二，留下真情实感的记游文字。

古人重"读万卷书，行万里路"，文人墨客莫不如此，今人方有福读《赤壁赋》等。徐霞客等人，边行边记，留下万古不朽的文章。徐霞客也曾多次来松江，他最后一次遍访名山大川据说就是以佘山为起点的。

作为语文老师，每次旅游，无论远近，都能写写，作为记录与纪念，当是极好的习惯。这些游记，未必有用，但一定能帮助我们获得更多，比如写作的甘苦、语感的敏锐——而这些对改进习作教学必有裨益。

顺便说一句，语文老师文章写得少，并非今日始，极不正常。拙见，语文老师一日不写文章，吾国语文教学质量就一日难以提高。

第三，在相关课程建设上有所突破。

课程，是教师、学生在跑道上一起"跑步"体验的过程。因此，严格来说，每位语文老师都应有自己的课程。这几年，我们的课程编制意识有所增强，上海交大附小丁慈矿老师的"对联"就是一门不错的课程。这两年，我在编制"二十四节气读读写写"。有一次到方塔公园拍照，拍到水边有一茶室，草顶，一看，竟是上海园林界有名的何陋轩。由此生发了一个想法，上海何其大，名建筑何其多，能不能做一门面向小学生的语文课程呢？当然，这需要全面筹划，经历比较长的编写过程。

行笔至此，突然想起前两年杨敏副院长推荐给大家的《问学》一书。书是学者余秋雨先生在北大带教数十名学生时的课堂对话记录，很深刻，很大气。我认真拜读，时时想起余先生写的《文化苦旅》等。余先生真是了不起，书读得多，还潜心寻访中华大地那些活着的文明与文化，他讲墨家那抹感人的黑色，讲老子孔子的相遇，讲甲骨文惊天动地的发现……纵横捭阖，启人心智，是经师，亦是人师。

教师，本是怀着大爱在人间做小事的人。所谓旅游，其实就是多读一本书，你读懂了多少，发现了什么，写出了多少，学生也就能从你这里有所读懂，有所发现，有所表达。

这便是语文教师的神圣，也是语文教师的幸福。

2012 年 7 月

拓展阅读

王柏玲：《中学生迷上古体词创作》

用我们的努力证明趣味是存在的

上个月写到上师大附外小的吴春玉老师潜心办班级《溯湄文学报》。一个青年教师，喜欢古诗词，喜欢写点文章，在今天不多见；更难能可贵的是，吴老师愿意从宝贵的青春年华中拨出时间，带孩子办文学社，还连续出版班级小报，其情其志，令人钦佩。

这个冬天，我在读《王栋生作文教学笔记》，很受教。王老师谈到自己在南师大附中30年，"我主持这个铅印刊物《树人》，前后共有十五六年，是我重要的教育经历，很多学生也把文学社的活动当作最有意义的青春记忆"。多好，在热血澎湃的年龄，留一点诗意的记录与梦想的痕迹。王老师由此说开去，说得既在理又深刻："基础教育应当重视保护与发展学生的兴趣爱好，培养探究问题的能力，让他们在科学研究、社会实践和文艺活动中获得身心的健康发展。"

想象一下，学生跟着上述两位老师进行文学写作，身心两健。本是苦差事的作文，老师给了鼓励，搭了平台，学生得到乐趣，原本苦的也就变成甜的了。

视野所及，教语文颇有趣味的还有黄玉峰老师，每周带孩子练习书法，学国画和篆刻；策划"追求真善美"讲座，邀请学者专家讲座，二十年来不曾间断；利用寒暑假搞"文化学旅"，带学生走古道、访名胜；办班刊《读书做人》……黄老师还在课堂上做许多有意思的事，像《"利诱"学生背〈离骚〉》，黄老师精心抄写、装裱了书法"离骚"，让学生一饱眼福后庄重承诺：谁最先背下《离骚》全文，谁就能得到这条幅。我曾无数次设想，在黄老师手下习字、读书、游学、写词……这种种经历该有多么新鲜，会让学生吸收多少正能量。

作家王小波说："小说家最该做的事情是用作品来证明有趣是存在的。"

深圳教研室语文教研员程少堂先生说："语文教师最该做的事情也应该是用自己的课来证明有趣是存在的。"

是的，语文课一定要教出趣味来。

语文的趣味一定来自语文教师。语文教师的趣味又来自对语文的了解与痴爱，对学生的理解与喜爱。多年前，一位中学特级教师说，语文老师要少些烟草味、少些麻将味。减少这些世俗味，是要增加教师的书香味，还有书法味、摄影味、文学味等等。语文教师能择其中之一，沉浸，聚焦，得其三昧，然后能教、善教。

语文老师有一种趣味，就意味着过一种全心全意、聚精会神的精神生活。

无论琴棋书画，还是听说读写，都可有机融入语文。语文，是交际的工具，也是丰富自我的工具，还是社会进步的工具。有时，语文的作用不明显，这是无用之用。但是热爱生活、让生命发光的人，一辈子都离不开语文。

语文老师有一种趣味，还意味着对美的追寻与坚守。

王开玲先生在《父与子》一文中概括当代中国的一个精神危险："由于粗鄙和丑陋对视线的遮挡，对注意力的劫持，我们正在丧失对美的发现和表述。换言之，在能力和习惯上，审丑大于审美。"[1]每天读书、舞文弄墨、弹琴听书……就每天都有美的感悟与积淀。教师多一份美的沉淀，就多一份从容，多一份魅力。"亲其师信其道"，教师的趣味，学生看在眼里，记在心里；有些东西，即使不教，也会受用终生。

在此基础上，语文教师要努力用自己的努力证明趣味的存在。

语文要教出情趣来。

孙绍振教授说："不论是文学性的文章还是议论性的文章，都不能没

---

[1] 王开玲《父与子》，《读者》2013 年第 3 期。

有趣味。"[1] 情趣，即抒情的趣味，文章作者要表达的情意。有一年，我在杭州听课，窦桂梅上《林冲棒打洪教头》，无论说，还是问，抑或是朗读，窦老师都像极了一个说书人，不仅把学生，而且把听课的老师也带入了课文。两节课下来，窦老师气喘吁吁，额头流汗，为何如此？窦老师说，什么样的文，还它什么样的味道！于是这篇课文学习中处处是"评书"元素：书胆——林冲；书领——洪教头；书筋——柴进。特点：说演脆雅、语言洗练、吐字清楚、咬字讲韵、节奏张弛有致、用气换气灵活自如……

于永正老师的语文教学观里也有"重情趣"一说。于老师认为："读书既是生活的需要，又富有各种情趣。我每次备课都是先埋头读课文，读呀，想呀，读呀，什么时候读出门道来了，什么时候兴奋起来了，什么时候才肯罢休。只要我读得有一种兴奋的感觉，有一种豁然开朗的感觉，有一种'柳暗花明又一村'的感觉，那就意味着教学的成功。"范读是于老师的"绝活"，精心设计教程，出其不意，也能使学习变得轻松，能使师生在愉悦的交流中融为一体。

语文要教出理趣（智趣）来。

有些语文课，光从情感角度分析是不够的，需要理性的分析，才能充分理解里面潜在的趣味。孙双金教《落花生》，学生要读懂父亲的希望不难，难的是学到心里。孙老师组织了一场"实话实说"，要求学生说真话，说实话：当代社会和未来社会你想做落花生这样的人，还是想做苹果、石榴这样的人？为什么？学生组成了正方与反方进行针锋相对的辩论。整个讨论分三步进行，有序有效，热烈深刻。最后学生如是小结："做人应该做一半苹果人，注意适当宣传；又要做一半花生人，对别人有用。"这样的课，基于教材，又超越了教材，学生在正确解读文本基础上又读出了新意，让语文影响自己的生活，有何不好呢？理趣的阐释与获得，最忌机械分析、直接告诉，《题西林壁》《观书有感》等都有意味，需要教师设计有序完整的学习活动，学生思维碰撞，产生火花，到达"豁然开朗"或"柳

---

[1] 孙绍振《名作细读》，上海教育出版社，2009 年，第 133 页。

暗花明"之境地。

语文还要教出谐趣来。

谐趣在西方属于幽默。语文的很多东西，都挺有趣，如歇后语、谚语、谜语等。教材中也有一些课文，比如绕口令、《十二生肖歌》、《稀奇歌》等，像"小蜜蜂，追飞机，麻雀踩死老母鸡，蚂蚁搬走一袋米，河马睡在摇篮里"，这些文字带来的不和谐感，会让课堂上笑声不断。

一句话，语文老师要用自己的课堂，证明趣味是存在的。

有人说，这多难，我又没有什么爱好。不急，只要你想到，只要你开始，就永远不晚。

2013 年寒假

拓展阅读

于永正：《重感悟 重积累 重迁移 重情趣 重习惯——我的语文教改探索》
程少堂：《"语文味儿"理论构想》

跋

每月书：为了建设实践共同体

一

再度担任教研员，转眼听课、评课又一年。2011 年暑假，我寻思着在课堂转型的激流中自己还能做些什么。

与老师交流，他们莫不希望能及时获悉区域教研、教改信息；听组长心声，大家也都觉得教研现场有课有研讨，常常心有所动，组织相应活动时却缺研究资料……如同在沉沉黑夜中瞥见了亮光，我蓦然想到，何不把教研活动写成文章，这样，组长就可以从容、深入地组织学校教研活动，老师也可以及时、全面地获取教改前沿信息。

这年中秋，明月皎皎照九州，也照着我们一家人。在亲水平台赏月，天上一个月亮，水中一个月亮，我们一家三口玩着"月"字游戏：开火车组词、背诵月亮诗……

中秋，给予一个家庭的清风明月，语文给予中秋的"月满花香"，实在迷人。于是，我想到语文教学，想到小学语文的价值，当晚，我写下了这些文字——

我们的语文教学究竟能给孩子留下什么？语文仅仅在语文书中吗？语文学习，除了课上的朗读与答问，就是课外作业与周末卷吗？仅靠这些，语文教学有没有光明的未来？

能不能让一堂堂语文课变得不同，让更多的学生在你的课堂微笑，朗读，沉思，表达？

能不能除了做题目，每一周都有一天，甚至两天，学生只诵读一篇时文佳作，或者捧起一本心爱的书，静静地读上一小时、两小时……

能不能让孩子的习作尽可能多地在教室的墙壁、黑板上展示？能不能让学生走上讲台，说说他们的故事，谈谈他们的看法？能不能带着学生走出教室，春看杜鹃秋赏菊？能不能在这样的时候，一起诵读关于月亮的诗文佳作？能不能因为你，学生开始练习书法，爱上朗诵与演讲，或者，以写作为快？……

于是就有了第一封书信：《语文慢慢改变生活》……

于是随后的日子也慢慢地有了《语文课上讲故事》《每月读一本好书》《真作文教改探索》……

2016年2月，这是上海143年来最早入春的日子，不见火树银花，不闻噼里啪啦，但猴年还是欢欢喜喜地来了，我也完成了第50封书信《激活主体性：精批略改多评讲》。

其间的很多事都忘了，但——

仍清晰记得当年组长们第一次拿到"每月书"时的惊讶与期盼，当然还有怀疑与激将。

仍清晰记得当时兼任研训部主任的杨敏副院长得知"每月书"后，将之推荐给全体老师，我惴惴不安。

仍清晰记得时任学院党支部书记季淳邀我给全院老师讲一讲"每月书"实践心得，我诚惶诚恐。

仍清晰记得国家语委《语言文字报》刘潇、过超、李朋编辑鼓励我，定期刊发"每月书"，向全国中小学语文教师荐读。

当然，还清晰记得一些年青教师，通过各种途径跟我要"每月书"；还清晰记得负责印刷的办公室老丁同志一见我，就笑呵呵地说："谈老师，每月书，100份！"

这些，都让人不由想起哈维尔的话："我们坚持一件事情，并不是因为这样做了会有效果，而是坚信，这样做是对的。"

二

顾名思义，每月书，就是每月写给小学语文老师的一封文书。

每月书聚焦"问题解决"：联系每月教研活动，针对区内小学语文教学的某一问题或教改主题，或交流想法，或分享做法，探讨改进、解决之道，既浓缩教研活动精华，又传达教改前沿思考。

每月书关注"每一个"：每一位组长、每一位老师都是读者，在共同的阅读中思考，在共同的实践中总结，让每一位老师都在专业学习与分享中获得职业的尊严与人生的幸福。

每月书追求"有用"——看了有用，读了动心，想了就做。每月书包含了三个部分：研修主题、实践探索、扩展阅读。

1. 研修主题：在内容上体现教师专业需求

（1）着眼实践，体现教师需求，如《激活主体性：精批略改多评讲》。

（2）着眼专业，促进教师发展，如《利用听评课工具 提升现场学习力》。

（3）着眼难点，提升教学质量，如《落实单元目标 提升语文素养》。

2. 实践探索：在问题解决上凝聚团队智慧

（1）用课堂教学说话。以课堂呈现问题的解决之道，如《作文课堂四要》。

（2）用纲要话语提炼。经验源于实践，简明扼要，具有普适性，如《让每一个学生都喜欢作文课》。

（3）用众人智慧化解。充分汲取区内教师经验，同时借鉴国内外同行已有研究成果，如《让每一个学生都学会写"这一篇"》。

3. 扩展阅读：在理论跟进上提升教师专业水平

（1）凸显研修专题，与研修主题相匹配。

（2）分享权威研究，精选名师、学者关于本问题的思考。

（3）体现指导价值，老师爱读、能用。

一句话，每月书的灵魂是：重要问题的改进与解决。

且用公认问题最多的作文教学来简单阐释——

首先在研究中发现问题。

2011 年 5 月，我们研训部与上海市写作学会小学分会联合举行"基于课程标准的小学作文教学"研讨活动。经过课堂展示、经验分享、专家点评，大家感到小学作文教学亟需解决的恐怕是习作兴趣问题，诚如课标所言："对写话有兴趣，留心周围事物，写自己想说的话，写想象中的事物。""乐于书面表达，增强习作的自信心。愿意与他人分享习作的快乐。"

其次在探索中解决问题。

2011年12月，经过一段时间的实践，"有兴趣，说真话"作文教学专题研讨活动在三新学校举行。顾艳红老师用教材中的作文《如果____》上了一堂指导课，学生带着自己喜欢的树叶走进课堂，仔细观察叶子，然后在童话情境中扮演树叶，展开想象：我要去哪里，会有什么故事发生。课堂上，学生小嘴常开，小脸通红，小手高举，当堂完成了片段的写作、交流与修改。贾志敏先生对这堂课予以高度评价。

接着以"每月书"提炼经验。

2011年12月，我即以"有兴趣 说真话"为题撰写每月书。从这堂课以及大家的交流，总结提炼相关经验，如教学要求明确、得当，开展习作过程指导等。为配合学校教研活动，又从收集的研究资料中精选了如下材料推荐给老师：吴立岗教授的《试论贾志敏老师的作文教学特色》和董蓓菲教授的《从两个维度改进作文训练过程的指导》。

随着作文教改推进，沿着"发现问题—组织活动—撰写书信"的模式，我先后完成了多篇"每月书"的撰写：《作文课堂四要》《发表：让作文成为童年的礼物》《让学生在作文中快乐成长》……作文困境的存在，给了我们一起做事的可能；教研活动的展开，给了大家集聚、分享智慧的可能；而"每月书"的撰写，则如投入湖泊的小石子，将教改荡起的涟漪，向每一位教师撒播。

最容易被人理解的教育知识与规律，才是最可能被师者转化为教育实践的。而"每月书"，希望能是其中的春风一缕。

当今天比昨天教得更好，当这样的人师越来越多，抱成温暖的团——我们才会教得更快乐、更幸福。我以为，这也是教研活动存在的价值，也是"每月书"存在的意义。当别人在舞台上的时候，我们是在台下鼓掌的那个人；当别人在"自留地"里困惑的时候，我们会做伸出手的那个人。这样，当我苦恼时，当我成功时，也有人分担，有人分享。

从问题出发，用活动推动问题的解决。前前后后的活动，一封一封的书信，始终追求把研修内容落在教学的问题链上，放在系统解决关键问题上。

这几年，有幸参加中级职称评审活动，有幸参加青年教师评审活动，有机会到学校听老师的课，有机会与青年教师交流。我发现，很多人都熟稔区域作文改革与轨迹，他们的作文课惊人地新意迭出，比这更重要的是，孩子们在这样的作文课上欢笑、哭泣，写下真情的文字。

每月书，基于活动，又超越了活动。支持更多的语文老师，在阅读中分享，在发现中探索，他们不是被动接受，而是主动建构，通过思考、实践，逐步成为自我建构的教育实践者。

一个个独立、个性的"我"，正在构建强大、共进的"我们"。

这几年，有朋友夸我，有老师谢我。知道吗，所有的坚持，都源于当初我们为什么出发；如果说我能克服一路的疲惫、摇摆，那是因为一直有同行同行。知道吗，仅仅是 2011 学年、2012 学年，仅仅是作文教学，就先后有 17 堂公开课。知道吗，2011 年我们编写了区本习作教材，参与的有中山小学、实验小学、上师大附外小、叶榭学校、泗泾小学等 11 所学校的 20 多位老师……

还要我说吗？

这会让人想起鲁迅先生的话："无穷的远方，无数的人们，都和我有关。"也会让人想起北大教授钱理群先生的话："我们中的我，我中的我们。"

三

这几年，我们边做边思考：转型中的语文教学怎样更有效地让更多的孩子喜欢语文课？

语文学习天地广泛，语文教学涉及方方面面。我们觉得，语文教师是提高语文教学质量的关键。反过来，语文教好了，语文教师的幸福指数也提高了。

如何提升语文老师的专业化水平，语文教研应该有所贡献。于是，我们思考着语文老师的专业能力结构，提出了"思想力＋教学力＋研究力＋语文力"的金字塔模型。在平时工作中，我们尝试以此为主线，努力结合教研、培训活动，加以探索，有所落实。

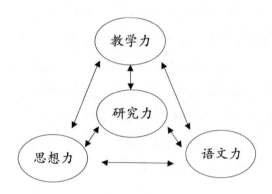

语文教师专业能力模型

需要说明的是，这些能力相辅相成，互相影响，彼此促进，共同构成语文教师专业能力，就像金字塔的四个端点，缺一不可。比如语文老师要提高语文力，势必要读一点书。在学习的过程中，别人的思想观念跟自己的思想观念发生碰撞，相互作用，有的得以同化，有的需要顺应，于是教师的认知结构更加丰满完善，其思想力也水涨船高。同理，语文力、思想力、教学力的提高也会对其他能力产生作用。

思想力、教学力、研究力和语文力，占主导因素的是教学力。教学力，是语文教师做好工作、教好学生的关键能力，其他三者是基础能力，就好比是金字塔的三个塔基，基础扎实了、宽厚了，金字塔就更高更雄伟，语文教师教学力的发展就有了锤炼的舞台、起飞的平台。

根据这一能力模型，我对这几年的"每月书"进行了粗略分类。为了便于大家翻阅，我把教学力分成"阅读""作文"两类。因此，呈现在大家面前的是五个章节，分别是：语文教学思想、阅读课堂改进、作文教学改革、教学研究策略和语文教师功底。

这样的思考与探索是否有价值，还要做哪些改进，我真诚希望得到大家的批评和帮助。

四

语文，是民族的根与魂。

现在，语文教学的问题不少。"百年中文，内忧外患"，最让人忧患的是失落了尊严，除了课程地位的下滑以及外来语的侵扰，恐怕根子还在我们自己"失魂落魄"了，缺失了活力，缺失了灵气，更缺失了文化的厚实与生命的灵动，求学不读书，育分不育人。

教育家于漪老师曾这样呼吁，要"真正重视母语教育对人的发展的价值和意义。多一点尊重与敬畏，少一点急功与近利，更不能让它沦为应试工具，方能遏制青少年学生语文能力退化的趋势"。

名师黄荣华也曾著文，列举了今日语文要面对的诸多"劲敌"：金钱至上、碎片化生存、工具理性、假话、套话和大话。

尼采说：在自己的身上，克服这个时代！

解铃还须系铃人，语文的尊严，关键在老师。

"水深鱼极乐，林茂鸟知风"，让你的生命饱满，让你的灵魂优秀，当你成为一个大写的语文人时，学生得到的会是怎样的语言熏陶和人文影响？

有时，会自问，也有同行者会产生犹豫：我们所做的改进，有价值与意义吗？

胡适说："怕什么真理无穷，进一寸有一寸的欢喜。"

语文教研是以"语"会友的地方，是多"研"欢喜的地方，是允许出错的地方，是坐而论教，更是起而兴教的地方。

那么，无论过去走过什么曲折，也不管前面还有怎样的风雨，重要的是，真干、实干、慢而不息。

生命的美好，在于我们把自己的努力变成每天的习惯。

五

2015 年 3 月 15 日，我有幸进入上海市语文德育实训基地学习，成为于漪老师的学生。

一个做了数十年的梦终于圆了。

1988 年，我考入吴江师范，每个月都有一期《师范教育》。那时，正值青春年少，正好"激扬文字，指点江山"，一肚子的梦想。就在这时，我读到了"于漪"，是于老师让我第一次知道了"一身正气，为人师表"。也是于老师，让我开始对"师者"有了清晰的认识——于老师在阳光下，捧着书，笑眯眯地看学生——我想说，那就是老师。

那时喜欢读《语文学习》，凡有于老师的文章，我必先读为快。我渐渐觉得，当教育界同人迷茫的时候，或者开始忙乱的时候，于老师总是发出自己的声音，这声音深刻，真诚，具有穿透力，亦有影响力。《弘扬人文 改革弊端》《强调人文精神要有民族特色》《语文课程标准与语文教师》《每节课都会影响学生的生命质量》《语文：要重视并发挥课程的多重功能》……哪一篇不是站在时代的高点，给语文教育以方向性的指引？

2002 年，我调来上海工作，贾志敏老师带我研究小学语文，领略海派语文的风景。有一天，他送我一套《于漪教育文丛》，教导我，于老师是语文教育前辈，你有机会要好好学习。我点头。之后，贾老师请来于老师给全校老师做报告，我终于见到了于老师。于老师的报告充满着生命激情和对教育工作的款款深情，让我等如坐春风、如沐春雨。

之后我有机会数次聆听于老师报告，每一次都深受教育。

2014 年 4 月，教育局举办活动，我也有幸就作文教学向于老师汇报。于老师在大家汇报结束后，走上台做了精彩、翔实、深入的点评。她思想之敏锐，记忆之准确，梳理之清晰，点评之深刻，令台下老师莫不深深感佩。于老师对我们在改革作文教学的同时引导孩子读书，做到每月读一本好书，还开展交流、表达等活动深表赞赏。活动后，于老师愉快地跟我合影。

2015 年的春天，我无比幸福地成了于老师德育实训基地的一名学员。

作为一名学生，我肯定算是愚钝与后进的，一同坐在教室里的30位同学，过不惑之年的寥寥无几。上午，于老师给我们做了一个多小时的讲话，希望我们思考为什么要来学习，以及怎样学习。她希望我们都有平常心和进取心。下午，她又介绍了循序渐进的学习计划与严格细致的学习要求，比如每年要扎扎实实读一两本文史著作，并且就推荐的书目逐本介绍……

我想，没有一个学生会让于老师失望。而我，既然起步太晚，那就驽马十驾，笨鸟先飞，从今天开始，我要努力成为一名常有进步的学生。

当然，更重要的，春天就在窗外，就在眼前。我必须成为这里的一棵草、一棵树，我不一定要开花，但一定要带来一片绿色，或者，一缕芳香。

而这，又成了我们建设实践共同体的巨大动力。

过去的一年里，除了带领区域内老师一起研究语文教学，一起做好学科德育外，我更多地走上讲台，每月到学校上节气语文课，跟孩子一起观察、思考、交流、写作；探究德育精品课程《赵州桥》，获得于老师的肯定；在薛峰老师、景洪春老师帮助下进行写作教学融合传统优秀文化教育的研究。

2016年春，我完成了给语文老师的第50封书信，拟汇编成书。在接到我的电话后，于漪老师一口应允，审读拙作，写出了洋洋千言的大序。而完成这一切，于老师只用了一个月！这可是耄耋之年的老人啊，每一天，她都有会议或活动要参加，或许晚上还有文字要完成……当于老师在电话里告诉我，已经委托李老师寄出文稿时，我怎能不感动！

其实，我就在一个更大的实践体里。

其实，每一个老师，也都在一个更大的实践体里。

语文，就是一个美好的家园。